INTERCAMBIO

«Permita que los expertos, los doctores Les y Leslie Parrott, le ayuden a "intercambiar lugares" para llegar a un grandioso matrimonio. *Intercambio* no solo le inspirará, también le dará las herramientas que necesita para ver la vida a través de los ojos de su cónyuge. Si está buscando un mejor entendimiento, intimidad y empatía en su matrimonio, este libro fue escrito especialmente para usted. ¡Debe leerlo!»

Claudia y David Arp, autores de la serie Diez grandes citas.

«*Intercambio* le ofrece el pasaje para mejorar su intimidad conyugal que bien vale el precio. Los Parrot utilizan su característico, innovador y fascinante método de investigación que proporciona inusual profundidad y sustancia. Pero, además, leer sus libros es todo un placer.»

Gary Thomas, autor de *Matrimonio sagrado* y *Sacred Influence* [Sagrada influencia]

«A Les y Leslie Parrott no les falta inspiración. Práctico y desafiante, *Intercambio* me recuerda el "secreto" del éxito y la felicidad matrimonial. Una dosis regular de los escritos de los Parrott ha hecho maravillas conmigo, particularmente, y con mi matrimonio.»

Doctor Jim Burns, presidente de HomeWord y autor de *Creating an Intimate Marriage* [Cómo crear un matrimonio íntimo] y *Confident Parenting* [Padres con confianza].

«*Intercambio*, por los Parrott, nos da un mapa con diferentes caminos para conectar nuestros corazones a través de la experiencia y la práctica del arte de la empatía en nuestro matrimonio. Hay que leerlo.»

Doctor Gary y Barb Rosberg, Entrenadores de Familias Americanas, autores de *The 5 Sex Needs of Men & Women* [Las cinco necesidades sexuales de hombres y mujeres], conductores de *Dr. Gary and Barb; Your Marriage Coaches son* oradores nacionalmente reconocidos.

Recursos de Les y Leslie Parrott

Libros

Becoming Soul Mates [Cómo ser almas gemelas]
The Complete Guide to Marriage Mentoring [Guía completa para la asistencia matrimonial]
Getting Ready for the Wedding [Prepárese para el casamiento]
Hoy te amo más que ayer [y manuales de trabajo]
Tú y yo
Love Is... [El amor es...]
La lista de amor
Charla amorosa
Meditations on Proverbs for Couples [Meditaciones en Proverbios para parejas]
The Parent You Want to Be [El padre que quieres ser]
Conversaciones íntimas sobre parejas
Questions Couples Ask [Preguntas hechas por parejas]
Relationships [Relaciones] y *manuales de trabajo*
Asegure el éxito en su pareja [y manuales de trabajo]
Asegure el éxito en su segunda pareja [y manuales de trabajo]
3 Seconds [3 segundos]
51 Creative Ideas for Marriage Mentors [51 ideas creativas para mentores matrimoniales]

Audio

Charla amorosa
Asegure el éxito en su pareja
Asegure el éxito en su segunda pareja

Libros por Les Parrott

The Control Freak [Loco por el control]
Helping Your Struggling Teenager [Ayude a su adolescente luchador]
Cómo mantener relaciones con personas difíciles
The Life You Want Your Kids To Live [La vida que quieres que tus hijos vivan]
Seven Secrets of a Helathy Dating Relationship [Siete secretos para una relación de citas saludables]
¿Pude? ¿Puedo? ¿Podré?
Once Upon a Family [Había una vez una familia]
25 maneras de ganarse a la gente (con John Maxwell)
Disfrute la vida que vive (con Nell Clark Warren)

Libros por Leslie Parrott

You Matter More Than You Think [Tú importas más de lo que crees]
God Loves You Nose to Toes [Dios le ama de los pies a la cabeza] (libro para niños)
Marshmallow Clouds [Nubes de malvaviscos] (libro para niños)

LA MEJOR DECISIÓN QUE PUEDE
TOMARSE EN EL MATRIMONIO

INTERCAMBIO

DRES. LES Y LESLIE PARROT

Vida®

La misión de Editorial Vida es ser la compañía líder en comunicación cristiana que satisfaga las necesidades de las personas, con recursos cuyo contenido glorifique a Jesucristo y promueva principios bíblicos.

INTERCAMBIO
Edición en español publicada por
Editorial Vida – 2009
Miami, Florida

Originally published in the USA under the title:
Trading Places
© 2008 by The Foundation for Healthy Relationships
Published by permission of Zondervan, Grand Rapids, Michigan.

Traducción, edición, diseño interior: *Grupo Nivel Uno*
Adaptación de cubierta: *Cathy Spee*

ISBN: 978-0-8297-5651-7

CATEGORÍA: Vida cristiana/Amor y matrimonio

IMPRESO EN ESTADOS UNIDOS DE AMÉRICA
PRINTED IN THE UNITED STATES OF AMERICA

09 10 11 12 ❖ 6 5 4 3 2 1

A Kevin y Kathy Lunn.

Una pareja experta en intercambiar lugares, un matrimonio al que amamos profundamente.

- ¿Conoce el único y más importante secreto de un matrimonio feliz?
- ¿Quiere reducir los comentarios críticos y eliminar el tedio para siempre?
- ¿Quiere saber cómo obtener lo que realmente quiere, desde hoy mismo?
- ¿Le gustaría acortar la duración de los conflictos, aun antes de que surjan?
- ¿Le gustaría encender más pasión en su alcoba?
- ¿Está listo para traspasar la superficie y tener una conexión más profunda?

Si es así, está listo para el Intercambio.

Contenido

Reconocimientos 13

Camine con los zapatos del otro 15

PRIMERA PARTE

Elementos esenciales del intercambio

1. Las dos partes del intercambio 25
2. Logros del intercambio en su matrimonio 43
3. Prerrequisitos del intercambio 67

SEGUNDA PARTE

Tres pasos cruciales del intercambio

4. Te noto: Deje a un lado su propio plan (temporalmente) 91
5. Te siento: Encienda su radar emocional 109
6. Actúo para ayudarte: Demuestre su cociente de interés 129

TERCERA PARTE

Dos grandes maneras para intercambiar lugares más rápido

7. Aproveche el programa matrimonial eHarmony 147

8. Ayude a su cónyuge a ver las cosas como las ve usted 155

Conclusión: Por qué toda pareja tiene posibilidad para el intercambio 173

APÉNDICES

Apéndice A: Cómo intercambiar lugares cuando su cónyuge no quiere 187

Apéndice B: Cómo intercambiar lugares si se ha quemado: Un mensaje para personalistas 191

Apéndice C: Minidiccionario de palabras sentimentales 199

Notas 207

Reconocimientos

Como siempre, estamos muy agradecidos a las siguientes personas que constituyen nuestro equipo editor: Scott Bolinder, Bruce Ryskamp, Stan Gundry, Joyce Ondersma, Jackie Aldridge, Mark Hunt, John Raymond, T.J. Rathbun, Jeff Bowden, Michael Ranville, Sandy Vander Zicht, Becky Shingledecker, Sealy Yates, Kevin Small, Bill Dallas, Terry Rouch y Janice Lundquist. Nunca podremos agradecerles lo suficiente.

También queremos expresarles profundo aprecio a nuestros colegas en eHarmony, quienes en diversos aspectos fueron los catalizadores de este proyecto. Gracias, en principio, a los cuatro «Gregs»: Greg Waldorf, Greg Steiner, Greg Forgatch y Greg Smirin. Les estamos muy agradecidos también a Galen Buckwalter, Grant Langston, Grant Hosford, Dianne Molina, David Pérez, Suzanne Nagel, Jon Ward y Sue Braden. Y, por supuesto, les estamos profundamente agradecidos a Neil y Marylyn Warren. Todos ustedes, junto con su creatividad y visión para ayudar a las parejas a que disfruten de un amor eterno, son una verdadera inspiración.

La empatía mutua
es el gran regalo
humano menos
valorado.

Jean Baker Miller

Camine con los zapatos del otro

**Más que cualquier otra deficiencia en particular,
creo que la falta de empatía mutua
es lo que saca a relucir las espadas en un matrimonio.**

Bernard Guerney

«Nuestros televidentes quieren saber qué es lo más importante que pueden hacer a favor de su matrimonio», nos dijo el productor. Estábamos sentados en cómodas sillas de cuero, tomando agua mineral en el cuarto verde de los famosos estudios Harpo, en Chicago. «Es probable que Oprah les pregunte esto», continuó el productor: «si solo pudieran darles un consejo a las parejas para mejorar su matrimonio, ¿cuál sería?»

No lo tuvimos que pensar dos veces.

En efecto, no era la primera vez que nos lo preguntaban. Escuchamos esta pregunta muy a menudo. En casi todas las entrevistas que tenemos acerca de matrimonios, sea escrita, por radio o televisión, esa es una pregunta previsible.

> *Las dos partes de la empatía: habilidad (punta del iceberg) y actitud (masa del iceberg).*
>
> **Anónimo**

¿Por qué? Tal vez porque, cualquiera sea el tema, todos queremos siempre llegar al meollo del problema. Piense en ello. ¿No le gustaría saber qué es lo más importante que puede hacer... para mantener a sus hijos lejos de las drogas... para ahorrar más tiempo... para prolongar su vida... para hacer un soufflé excelente... para detener el calentamiento global... para ser ascendido en el trabajo?

Sea cual fuese el tema, queremos saber cuál es esa *única* clave. ¿Qué es lo que más importa? ¿Cuál es el elemento esencial, indispensable y vital para el éxito?

Bueno, cuando se llega a tan crucial componente de un matrimonio exitoso, no es necesario adivinar. Cuando respondemos a eso, nos encontramos encima de una montaña de investigación y experiencia. En una palabra, es la *empatía.* Es ponerse en el lugar del otro. Las parejas más felices sobre la faz de la tierra son aquellas que se vuelven expertas en intercambiar lugares.

¿Es la ignorancia sinónimo de dicha?

Cuando una pareja se niega a intercambiar lugares, cuando ambos evitan la empatía, pierden lo que piensan acerca del otro. Literalmente, se vuelven ignorantes con respecto al otro. La falta de atención les produce confusión. Dicen cosas como:

- «No tengo idea de qué es lo que le hace feliz».
- «Simplemente no la entiendo».
- «Se enoja por, absolutamente, ninguna razón».
- «Estamos hablando y se irrita».
- «No me escucha y no tengo idea de la razón».
- «No puedo entender por qué ella me habla constantemente acerca de esto».

Estas son las frases de una pareja que no tiene idea de quién es el otro. Así como el marcador del tanque de gasolina, cuando se acerca a la marca que indica «vacío», esas frases revelan un nivel de empatía vergonzosamente pobre. Es que la falta de empatía puede pasar inadvertida. Ninguno de los dos reconoce qué es lo que están perdiendo. Por otro lado, ese tipo de frases también muestran falta de *apatía*. Lo cual es bueno. Las parejas que se dicen esas cosas confirman que aún se preocupan uno por el otro. Todavía buscan una mejor manera de vivir y de amarse. Simplemente quedan perplejos por los sentimientos de su pareja, por sus pensamientos y su comportamiento. Ignoran todo eso. No tienen ni idea.

Idea: *Es cualquier cosa que sirva para llevarnos a la solución de un problema.*

A decir verdad, todos perdemos la idea de quién es el otro, en cierto momento. Todo esposo y esposa, no importa cuán amorosos seamos, tenemos momentos misteriosos; instantes en que no podemos entendernos mutuamente. «¿En qué estás pensando?», podemos preguntar asombrados. O: «¡No puedo creer que hayas dicho eso!» Toda pareja, de vez en cuando, pasa por instantes de perplejidad, de confusión.

Es por eso que toda pareja, no importa la edad o el tiempo que hayan estado juntos, no hará mejor jugada en su matrimonio que la de intercambiar sus lugares. ¿Por qué? Porque al ignorar lo que el cónyuge piensa, siente o prefiere, uno no es dichoso. Todo lo contrario. Si hay algo dichoso, es ¡la empatía!

Ahora, si todo eso le parece exagerado, nos disculpamos. Es solo que sabemos lo que un poco más de empatía puede hacer por su matrimonio. En efecto, es difícil exagerar la importancia y el valor de la empatía para un matrimonio fuerte y feliz. ¿Por qué? Porque cada vez que nos ponemos en los zapatos del otro, aprendemos. Rechazamos la ignorancia. Entendemos al otro. Y, aunque le parezca trillado, nuestro entendimiento nos ayuda a amar. Es por eso que no tenemos que pensarlo dos veces al hacernos esta pregunta: ¿Qué es lo más importante que pueden hacer él y ella por su matrimonio?

Intercambiar lugares, aunque sea solo por un minuto.

Es así de sencillo, y de difícil.

Intercambiar lugares es más fácil de lo que cree

No nos engañemos. La empatía no es siempre fácil de alcanzar. Por eso escribimos este libro. Pero, como verá, puede ser más fácil de lo que parece. Es más, puede volverse un hábito muy rápido. Queremos demostrarle, paso a paso, cómo puede utilizar esta habilidad esencial para reducir los conflictos, mejorar la comunicación, aumentar la intimidad y hasta para encender su vida amorosa. Una vez que viva las recompensas del intercambio, estamos convencidos de que en verdad creerá en su importancia.

A continuación un vistazo general de lo que vendrá:

> *El mayor obstáculo para el descubrimiento no es la ignorancia, sino la ilusa idea de saberlo todo.*
>
> **Daniel J. Boorstin**

- En la primera parte del libro exploramos lo básico, los rudimentos, acerca del intercambio (o intercambiar lugares, como lo llamaremos también). Se puede considerar a esta primera sección como una charla informal y un plan activo en partes iguales, además de algo acerca de los prerrequisitos para disfrutar de los beneficios que dentro de poco obtendrá. Le mostraremos con exactitud qué significa intercambiar lugares, y cómo puede volverse un hábito rutinario en su matrimonio. También le daremos un vistazo de cerca al «boleto de admisión» que toda pareja precisa para intercambiar lugares.

- En la segunda parte nos arremangamos la camisa, como se dice, y le damos exactamente lo que necesita para intercambiar sus lugares. En efecto, le daremos «tres pasos sencillos» para practicar la empatía. Nos da algo de vergüenza escribir esta frase —«tres pasos sencillos»—, porque luce muy trillada. Pero confíe en nosotros, tenemos nuestras razones. Por ahora, piense en ella como la «simplicidad en oposición a la complejidad». La empatía, después de todo, es uno de los comportamientos más profundos y difíciles que logrará en su vida. Es por eso que en esta parte del libro, nos esforzamos por hacerla tan simple y fácil de recordar como sea posible.
- La tercera parte le ayudará a profundizar más en algunas áreas específicas de su matrimonio, áreas en las que es muy probable que encuentre las mejores recompensas. Es más, puede tomar esta sección del libro como una guía interior. Si estuviera empezando a participar en el negocio petrolero, piense cuán valioso sería que una persona le marcara en un mapa dónde debería excavar para encontrar los mayores yacimientos. Esta sección es como un mapa. Queremos que lo aproveche y lo entienda bien, y es por eso que le mostraremos el lugar preciso para excavar con su recientemente adquirida capacidad de empatía.

Aproveche este libro al máximo

Si ha leído algunos de nuestros libros, como *Charla amorosa*, *Hoy te amo más que ayer*, *Asegure el éxito en su pareja* o *Your Time-Starved Marriage* [Matrimonio hambriento de tiempo], sabrá cuánto nos gusta darles a nuestros lectores todos los recursos posibles para poder utilizar nuestro mensaje en la práctica. Es por eso que, una vez más, le estamos dando diversas maneras de aumentar su experiencia, para que aprenda con este libro. Todas ellas son simples opciones.

Primero, notará que cada capítulo incluye preguntas para reflexionar. Le tomará pocos minutos responderlas ya que están diseñadas expresamente para ayudarle a pensar y aplicar lo que ha leído.

Segundo, al final de cada capítulo hacemos referencia a un ejercicio del manual de trabajo. Tiene la opción de utilizar el de hombres o el de mujeres a medida que vaya leyendo *Intercambio*. Estos manuales no son indispensables; son una ayuda para reconocer más en detalle el material, tanto para usted como para su relación; si cree que puede serle útil. Contienen autoevaluaciones para completar y ejercicios para hacer en pareja.

Finalmente, queremos que sepa que un capítulo más adelante le mencionaremos la asistencia *online* gratuita relacionada con eHarmony Marriage.

Nos emociona mucho poder brindarle esto, le daremos más a lo largo del libro.

Por ahora, deseamos que sepa que cuando se intercambian lugares comúnmente en un matrimonio, hay garantía de que será más comprensivo y más comprendido. En otras palabras, amará más y será más amado.

PRIMERA PARTE

ELEMENTOS ESENCIALES DEL INTERCAMBIO

En un vuelo de Seattle a Houston, donde Les y yo debíamos hablar en una conferencia sobre matrimonio, la aerolínea extravió nuestro equipaje. Luego de describir el tamaño y la forma de nuestras maletas, el empleado registró nuestra queja y se dirigió al interior de una oficina.

—Lo siento —dijo al regresar—, sus maletas tal vez lleguen en el próximo vuelo y se les enviarán a su hotel mañana, en algún momento de la tarde.

—Ya estaremos de vuelta a Seattle para ese momento —le respondió Les.

—Está bien —afirmó el empleado—. Podemos reenviarles las maletas de vuelta a Sea-Tac.

—Qué amable —murmuró Les por lo bajo.

—Bueno, de todas maneras, aquí tienen un kit de artículos esenciales para ayudarlos —dijo el hombre mientras deslizaba una pequeña bolsa cerrada por el mostrador en dirección nuestra.

A un lado de la bolsa, no más grande que una papa horneada, estaba el logo de la aerolínea y, en letras mayúsculas, la frase *ELEMENTOS ESENCIALES*. La bolsita contenía artículos en miniatura como un cepillo de dientes y dentífrico, desodorante, champú y pañuelos desechables.

—Así que *estos* son los «elementos esenciales» —dijo Les mientras salíamos del edificio—. Creo que empacamos de más.

Bueno, en un sentido, la primera parte de este libro es algo así como esa bolsa de «elementos esenciales». Aquí le vamos a dar los prerrequisitos para intercambiar lugares.

No es todo lo que necesita saber o hacer, pero es información suficiente para comenzar.

- En el capítulo 1, «Las dos partes del intercambio», descubrirá en lenguaje cotidiano qué es la empatía mutua. En efecto, verá una representación gráfica de los ingredientes esenciales que van dentro de cada acción eficaz de intercambiar lugares, y le ayudaremos a determinar su propia «pregunta empática».
- Luego, en «Qué logrará el intercambio en su matrimonio», le mostraremos las ricas recompensas que obtendrá con sus esfuerzos por empatizar. Tal vez se sorprenda ante lo dulce que puede ser su vida cuando practique esta técnica todo el tiempo. En verdad, las recompensas del intercambio son muchas.
- El capítulo final de esta sección, «Los prerrequisitos del intercambio», revela lo que la mayoría de la gente nunca logra descubrir acerca de cultivar empatía genuina por su pareja. Sinceramente, hemos visto que numerosas parejas intentan ponerse en los zapatos del otro sin éxito y es porque nunca se enfocan en el elemento clave que revelamos en este capítulo.

Empecemos entonces a ver con detenimiento esos «elementos esenciales» del intercambio.

CAPÍTULO UNO

Las dos partes del intercambio

Si hay un gran secreto para el éxito en la vida, es la habilidad de ponerse uno en el lugar de otra persona y ver las cosas desde su punto de vista a la vez que del de uno mismo.

Henry Ford

«Antes de retirarse de este auditorio, queremos que tomen un frasco que encontrarán sobre una mesa en el salón de entrada. Ábranlo al llegar a sus casas y viértanlo sobre su relación. Es un frasco de empatía».

Muchas veces soñamos con tener la habilidad de decirles algo así a los grupos de parejas que vienen a nuestros seminarios matrimoniales. ¿No sería grandioso si el intercambio fuera así de fácil? ¿Si se pudiera abrir un frasco y aplicar cierto líquido en su matrimonio, para luego disfrutar instantáneamente del alivio y el placer que logra la mutua empatía?

¿Cuánto pagaría por ese frasco? Es una pregunta discutible, por supuesto. La empatía no es un objeto tangible que se pueda recoger en un negocio cualquiera. Pero es invalorable. Si se vendiera en algún lugar, creemos que podría ser solo en los de mayor prestigio, y que estaría guardado en una bóveda de seguridad. ¿Por qué? Porque la empatía es preciosa y poco común. Su valor es incalculable.

Piense en las recompensas que cosecharía en su relación si pudiera, en cualquier momento, aplicar una dosis de empatía mutua a su interacción. Imagínese cómo mejoraría su habilidad para tomar decisiones junto con su pareja, para trabajar en equipo, sobreponerse a malos tiempos, lograr objetivos y disfrutar de intimidad física. En pocas palabras, imagínese cómo una pequeña medida de empatía mutua aumentaría su felicidad y uniría por siempre sus espíritus.

Si pudiera ver el mundo desde el punto de vista de la otra persona, a cada instante y como rutina, ¿cómo se vería su matrimonio? En otras palabras, ¿para qué usaría su frasco de empatía instantánea en su matrimonio?

> **Em-pa-tí-a:** Es identificarse con otra persona entendiendo su situación, sus sentimientos y sus motivos.

Podemos decirle cómo responderíamos esa pregunta.

Nuestro matrimonio sería más risueño y menos molesto. Utilizaríamos nuestro frasco de empatía para hacernos más adeptos a leernos uno al otro. Nos ofreceríamos mutuo cuidado y comodidad. Lo utilizaríamos para crear un espacio cálido y emocional mientras jugamos con nuestros hijos. Con abundante empatía mutua, heriríamos menos los sentimientos del otro y tendríamos mucha más diversión. Conversaríamos acerca de cosas que requerirían menos esfuerzo y nos dieran momentos de gran y profundo entendimiento mutuo. Seríamos más pensantes. Más protectores.

> *El gran don del ser humano es que tenemos el poder de la empatía.*
>
> **Meryl Streep**

Más considerados. Más indulgentes con respecto a los errores del otro. Menos críticos y más sensibles. Utilizaríamos la empatía instantánea en caso de que necesitáramos disminuir nuestro orgullo y ser más pacientes uno con el otro. Y si intentáramos acopiar el coraje necesario para perdonar o pedir disculpas, nos ofreceríamos abundante gracia mutua. No dejaríamos pasar un minuto dejando al cónyuge con miedo o soledad. Nos complementaríamos más. Mostraríamos más gratitud. Con más empatía, nos atreveríamos a tener sueños más grandes juntos. Compartiríamos nuestras esperanzas secretas. Nos abrazaríamos durante más tiempo y con mayor frecuencia. Nos besaríamos con más pasión. Sonreiríamos más a menudo. En pocas palabras, si pudiéramos aplicarnos instantáneamente y acostumbrarnos a esa dosis de empatía mutua en nuestro matrimonio, sea cual fuera el momento en que decidamos hacerlo, tendríamos más amor.

No se equivoque, sin embargo, la empatía yace en el centro del amor. No hay otra cosa que pueda hacer más por su matrimonio que la empatía. Aun así, muchas parejas la rechazan en momentos de peligro. ¿Por qué? Porque nunca aprendieron el secreto para ponerla en práctica. Y es exactamente eso lo que pretendemos revelar a través de este capítulo.

> *El corazón tiene razones que la razón no entiende.*
>
> **Blaise Pascal**

El secreto se encuentra en su cabeza y su corazón. Literalmente.

De cerebro a cerebro y de corazón a corazón

Hace poco estábamos sentados ante una mesa de conferencia en el sur de California con seis de los investigadores de relaciones más prestigiosos del país. El grupo fue conformado a pedido del doctor Galen Buckwalter. ¿Nuestro propósito? Exponer nuestros pensamientos sobre lo que algunos llaman la nueva ciencia de los «cálculos neurales».

> *Sólo cuando entendamos completamente las opiniones y actitudes diferentes a las nuestras y sus razones, comprenderemos mejor nuestra posición en el esquema de las cosas.*
>
> **S.I. Hayakawa**

Ahora, antes de que cierre el libro por ver esta frase rebuscada, espere un momento.

No estamos a punto de darle una lección de ciencia neurosocial. Simplemente queremos asegurarnos de que lo que usted aprenda en este libro sea algo nuevo. Seguro, la empatía es tan vieja como el tiempo mismo, pero no de la manera en la que la vamos a ver. ¿Por qué? Porque algo nuevo y emocionante está preparándose en algunos de los laboratorios más respetados de las universidades de los Estados Unidos. No es la cura a una enfermedad biológica, pero puede serlo para lo que esté afectando su matrimonio. Y promete ser revolucionaria. No lo decimos para embaucarle. Realmente creemos que está a punto de aprender las bases de una práctica que impactará en forma positiva su matrimonio en innumerables modos. Es un hecho.

Note que, hasta ahora, la neurociencia ha estudiado un solo cerebro a la vez. Pero ahora se están analizando dos al mismo tiempo, revelando un dueto nunca antes visto entre los cerebros de marido y mujer mientras interactúan.[1] A eso se refiere la frase «cálculo neural». Entonces, ¿qué importancia tiene esto? Se debe a que esta nueva ciencia emergente contiene implicaciones sorprendentes para su matrimonio. Contiene secretos revolucionarios para unirlos, cerebro con cerebro y corazón con corazón literalmente.

En efecto, Carl Marci –de la Universidad de Harvard– dedujo de su intensa búsqueda algo que llama «logaritmo para la empatía».[2] Se trata del juego interno entre dos personas mientras disfrutan una profunda compenetración. No solo eso, su logaritmo reduce el patrón fisiológico de dos personas en la cima de esa compenetración –en la cual cada uno se siente profundamente entendido por el otro– a una simple ecuación matemática. ¡Imagínese eso!

> *Intento escuchar a través de los oídos de los demás y ver a través de sus ojos.*
>
> **Leonard Riggio**

No se preocupe, no recurriremos a una ecuación numérica para lograr la empatía. Pero queremos levantar el telón para ver una práctica que le ofrece y garantiza un matrimonio placentero, comprometido y tranquilo. Es un ejercicio que genera armonía y fortalece la unión entre ustedes, sin importar en qué nivel se encuentre su matrimonio.

Qué significa intercambiar lugares

Definamos el tema del que hablamos. *Empatía* significa imaginarse la vida como la ve su cónyuge en un momento dado. Significa ponerse uno en la piel de su pareja, mirar la vida a través de sus ojos. Significa caminar en sus zapatos. Cuando uno hace algo por el otro y este lo hace por uno, están intercambiando posiciones.

El objetivo de la empatía es entender los sentimientos de su pareja, los deseos, las ideas y las acciones, a un nivel que tenga significado. En un sentido, su objetivo es *convertirse* momentáneamente en lo que es su cónyuge. Es a lo que se refería el poeta Walt Whitman, en 1855, cuando escribió su obra maestra

Hojas de hierba: «No le pregunto cómo se siente al hombre herido, yo mismo *soy* ese hombre » (cursiva añadida por mí).

Intercambiar lugares requiere de *mutua empatía.* No es de un solo lado que proviene.* Es recíproca. Y no se califica. Se afina en los *momentos de brillantez conyugal* en los que su conexión es intensa, vívida y radiante. Casi sagrada, una comunión marital. Pero no se relega a ser poco común. Intercambiar lugares puede ser una ocurrencia común y una vivencia frecuente en su matrimonio. No hay necesidad alguna de dejar esos momentos al azar o al destino. Una vez que aprenda los secretos del intercambio, verá cuán rápido se puede cultivar esa práctica.

Pero recuerde que esos momentos empiezan cuando uno de los dos practica la empatía.

También nos gusta relacionar la empatía con la palabra *armonía.* Es un vocablo que en realidad tiene connotaciones musicales, como cantar afinado. Y es exactamente eso lo que hace la empatía en nuestra relación. Nos permite estar a tono el uno con el otro y vivir en armonía. Es más, en un capítulo posterior le presentaremos un nuevo recurso tecnológico desde eHarmony Marriage, dedicado a ayudarle a hacer esto de manera práctica. Pero, por ahora, queremos revelarle algo vital acerca de la empatía que la mayoría de las parejas no hacen.

El secreto que la mayoría de las parejas no conocen

El diccionario define la empatía como «la identificación con y el entendimiento de la situación, los sentimientos y motivos de otra persona». Pero lo que no dice es cuán fácilmente se puede

* Si su matrimonio está atravesando un momento particularmente difícil —en el cual su pareja no se siente motivada a ver la vida desde su punto de vista—, le recomendamos leer el apéndice A antes de pasar al próximo capítulo. Tenemos consejos especiales para usted a medida que lea el resto del libro.

confundir a la empatía con mucho menos que eso. Y tampoco dice que la empatía requiere de dos lados.

Aquí está el secreto que la mayoría pasa por alto: La empatía viene de amar a su pareja tanto con su cabeza como con su corazón, al mismo tiempo. La mayoría hace una u otra cosa bastante bien; o sentimos el dolor de nuestra pareja con el corazón, o tratamos de solucionar sus problemas con la cabeza. Hacer ambas cosas puede ser difícil. Pero ahí está lo que nos pide la empatía.

Cuando uno intercambia de lugar con su pareja, cuando tiene empatía por el otro, utiliza tanto su habilidad analítica que es como si empleara su comprensión cognitiva, su habilidad para comprender o su resonancia emocional. En pocas palabras, está utilizando tanto su cabeza como su corazón.

La mayoría de las parejas nunca entienden eso. Sepa que algunos estamos programados para «intercambiar de lugar» intelectualmente, utilizando nuestra cabeza para analizar las circunstancias de nuestra pareja. Yo (Les) hago esto siempre que le digo noblemente a Leslie sus problemas, cuando le digo cosas como: «Si no te pusieras tan emocional por este problema, podrías ver que no es tan malo». ¿Es una observación objetiva de verdad? Puede serlo. Pero no es empatía. Y en muchos casos, tampoco ayuda.

Otros solemos «intercambiar de lugar» emocionalmente, utilizando nuestro corazón para comprender la posición de nuestra pareja. Yo (Leslie) hago esto con compasión y sensibilidad cuando me acerco a Les y le digo cosas como: «Sé que te sientes desalentado y verdaderamente me lastima». ¿Es certera esta mirada subjetiva? Quizás. Les puede, en efecto, sentirse desalentado. Pero quizás no. Y, cualquiera sea el caso, no es empatía.

Ambas formas son meras imitaciones de la empatía. Pero sepa esto: cuando se unen, comienza la verdadera empatía.

Como sucede con las dos alas de un avión, la empatía requiere tanto de su cabeza como de su corazón para despegar.

Cuando intentamos intercambiar de lugar con nuestra cabeza, es que estamos analizando. Y cuando intercambiamos lugares con nuestro corazón, es que comprendemos. Por supuesto, no hay nada malo con ninguna de las dos. Pero no las confunda con empatía.

La matriz del intercambio

Si se le pudiera sacar rayos X a la empatía, ¿cómo se vería? Le hemos dedicado a esta pregunta, extraña por cierto, mucho tiempo de reflexión. Hemos debatido acerca de ella durante años, prácticamente; gran parte de nuestro tiempo de casados. Todo comenzó cuando los dos estábamos en la escuela de postgrado. Les estaba en medio de un estudio sicológico para su tesis doctoral acerca de la empatía. Y, como sabrá cualquier estudiante de doctorado, un proyecto como ese es algo muy desgastante, no solo para el que lo hace sino también para su cónyuge. Por eso, mientras la mayoría de las parejas tenían conversaciones acerca de su día durante la hora de la cena, nosotros hablábamos de la manera de establecer la empatía. Nos perseguía hasta en la charla previa a dormir, en la cama, tarde en la noche. ¿No es eso romántico?

Es romántico, sí, por loco que parezca decirlo. Después de todo, la empatía mutua ha demostrado estar en el centro de lo que hace cambiar a un matrimonio. Entonces, después de años de estudiar la empatía, ¿cómo creemos que se ve?

Es ahí donde aparece la «matriz» del intercambio. Si piensa en los dos componentes principales de la empatía —compresión cognitiva (cabeza) e intuición emocional (corazón)— y los mide continuamente, llegará al siguiente diagrama que revela cuatro estilos diferentes.

Los cuatro estilos sociales

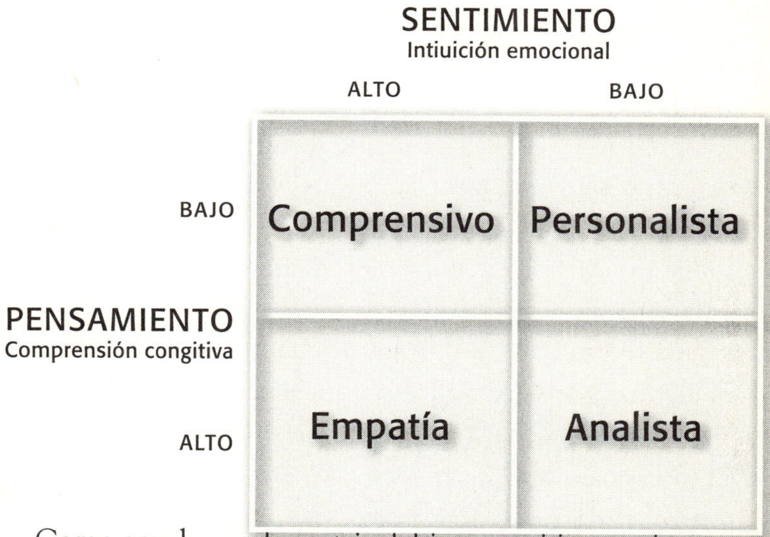

Como puede ver, la matriz del intercambio nos da cuatro estilos interpersonales o *sociales*. Nos muestra que ambos —maridos y esposas— tienden a comprender, personalizar, analizar o tener empatía.

Por supuesto, nadie encaja justa y completamente en esos estilos al mismo tiempo. Siempre entramos y salimos de esos cuadrantes, de momento a momento. El cambio de humor y el tenor de nuestro día, sin mencionar nuestro estado social, pueden hacer que nos movamos en un sentido en particular; hasta en el sentido que no corresponda a nuestro estilo social. Pero hablando en general, la mayoría avanzamos hacia un predecible patrón dentro de esos cuatro cuadrantes. Aquí queremos echar una mirada más cercana a cada uno de ellos.

Pero antes, queremos que esté al tanto de un recurso *online* que acompaña a este libro, algo que creemos puede serle de gran ayuda.

El inventario del intercambio

Si es como la mayoría de la gente, quizás se esté preguntando en qué punto se encuentra en la matriz del intercambio. ¿Qué porcentaje de su estilo social, por ejemplo, está dominado por la comprensión o el análisis? Si quiere saberlo, le ofrecemos una asistencia complementaria *online* que le ayudará a determinarlo. El inventario del intercambio (IIL, por sus siglas en inglés) le tomará pocos minutos, y generará una matriz personalizada basada en una medida válida y confiable de su estilo social. También le brindará un breve informe acerca de su estilo y le dará algunos consejos a medida que avance en el resto de los capítulos de este libro. Y recibirá sus resultados en su computadora (listos para imprimir) apenas termine el cuestionario. Por supuesto, el IIL no es obligatorio. Es simplemente una opción que puede aumentar su comprensión personal y la aplicación de este material a su propio matrimonio.

Para hacer el IIL, simplemente vaya a www.RealRelationships.com. También encontrará una versión para escribir sus resultados en los libros de práctica para hombres y mujeres, que vienen con este libro.

Ahora, sea que haya elegido hacer el IIL gratuito *online* o no, miremos más detenidamente los cuatro estilos sociales principales y cómo se aplican a su matrimonio.

> *Cuando un buen hombre está herido, todo aquel que sea llamado bueno debe sufrir con él.*
>
> **Eurípides**

El comprensivo
Más sentimiento que pensamiento

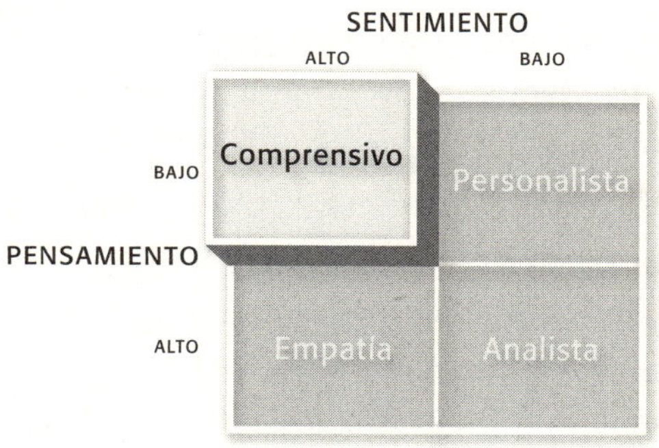

En los primeros días de la aviación los pilotos utilizaban una frase que hoy nos asustaría: «Improvise en el camino». Antes de que se inventaran los instrumentos para la navegación aérea, la única guía era el instinto del piloto. Si este sentía presión en el asiento de la aeronave, tal vez significara que estaba ascendiendo, como la sensación que se tiene en un elevador que sube rápido. Del mismo modo, si sentía que estaba liviano, el avión quizá estuviera descendiendo. Este método de vuelo, por supuesto, no era muy confiable. Hubo varias muertes debido a los trucos de las sensaciones que afectaban al criterio.

Lo mismo ocurre con su matrimonio. Los sentimientos pueden ser determinantes cuando son el único instrumento para navegar en su relación. Y si usted es muy resistente a cambiar su posición comprensiva, tal vez no pueda ver el peligro. Lo que no verá es que su estilo comprensivo le hace sacar conclusiones sin fundamento, las cuales se basan más en los sentimientos que en los hechos. Puede ver señales de desaprobación en su pareja, que tal vez no existan. O intentará proyectar sus propios sentimientos en su pareja antes de analizar la situación para ver si dichos sentimientos son acertados o no.

En un estudio acerca de la percepción, los investigadores diseñaron un aparato de pantalla dividida que podía mostrar dos fotos separadas al mismo tiempo durante un segundo. Por ejemplo, mostraban una foto de un torero y de un jugador de béisbol al mismo tiempo. Cuando hicieron la prueba en España, los espectadores decían haber visto un torero. En Estados Unidos, los espectadores veían un jugador de béisbol.

¿Qué quiere decir esto? Todos miramos el mundo a través del prisma de nuestras experiencias y valores personales. Cuando un comprensivo ve a su cónyuge, a menudo siente que sus emociones son las mismas que tiene el otro, cuando en realidad no es así. El comprensivo, igual que el piloto al volar improvisando, necesita aprender que sus sentimientos pueden llegar a determinado punto. El criterio y el pensamiento objetivo también son necesarios si en verdad busca intercambiar de lugar en su matrimonio.

¿Cuál es la buena noticia? Si usted es del tipo comprensivo, está a medio camino de la empatía y de la alegría del intercambio. Y este libro le mostrará cómo llegar allí.

El personalista
Corto tanto en sentimientos como en pensamientos

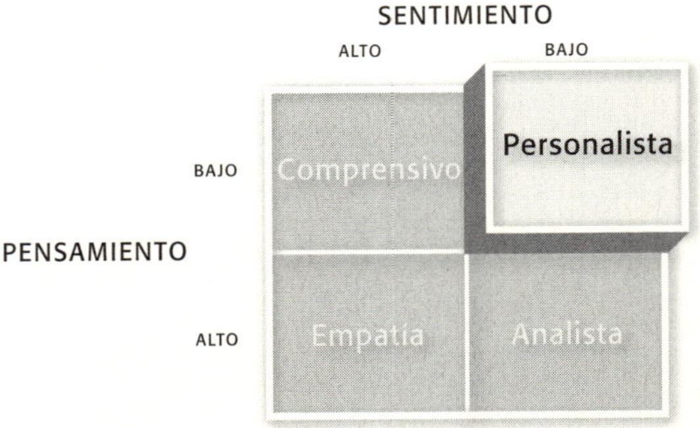

En una interpretación del cuento *Rapunzel* de los Hermanos Grimm, una hermosa joven está prisionera en una torre, encerrada por un viejo brujo que insiste en que Rapunzel es fea. Un día cuando ella se asoma por la ventana de su torre, ve a su príncipe encantado que está precisamente abajo. Él queda anonadado por su belleza y le dice que deje caer su largo pelo dorado por la ventana. El príncipe le trenza la cabellera formando una escalera y trepándola para rescatarla.

El mensaje implícito en este cuento de hadas es simple y profundo. La prisión de Rapunzel no es la torre, sino el miedo a ser fea y su incapacidad de amar. Los ojos de su príncipe, sin embargo, le dicen que ella es amada, y así queda liberada de la tiranía de su imaginación, que le hacía pensar que no valía nada.

El personalista es parecido a Rapunzel, lo aprisiona su miedo. Ya sea por los crueles mensajes recibidos en la infancia o debido a un matrimonio anterior u otra relación brutal; el personalista tiende a sufrir *por* otras personas y no *con* ellas. En otras palabras, su estilo social le hace retraerse para evitar el dolor potencial. A causa de eso se le dificulta amar al otro con su cabeza o con su corazón. Su sensibilidad al dolor potencial y su rechazo le mantienen siempre enfocado en sí mismo. Los investigadores llaman a eso: «ceguera afectiva».[3] Su perspectiva de la vida está tan distorsionada por el dolor anterior que solo rara vez puede verla desde el punto de vista de su cónyuge.

Mark Twain dijo una vez: «Si un gato se sienta sobre una estufa caliente, nunca más se sentará en otra». Y continuó: «Tampoco se sentará sobre otra estufa aunque esté fría». Y si el personalista se ha quemado en una relación previa, no deseará quemarse de nuevo. Así es como lo ven, la mejor manera de evitar el dolor potencial es proteger su corazón guardándose a sí mismos.

> *Tratar de observar el lento cambio del egocentrismo a la empatía es como tratar de ver cómo crece el pasto.*
>
> **Neal Maxwell**

Por desdicha, eso puede significar que incluso rehúya a su cónyuge. Sus propias luchas son tan pesadas que le previenen de entrar a las de su pareja. Es por eso que se necesita un «príncipe» o una «princesa», para destrabar la cura que al fin llevará al personalista a un lugar desde donde pueda ver la vida con otros ojos y comenzar a practicar la empatía.

Si usted vive preso de un pasado doloroso y se encuentra en la categoría del personalista, tenemos un mensaje especial para usted. Nos gustaría que vaya al apéndice B; allí encontrará algunos consejos útiles para aprender a intercambiar lugares. Y si está casado con un personalista, también le aconsejamos ir a ese apéndice.

El analista
Más pensamiento que sentimiento

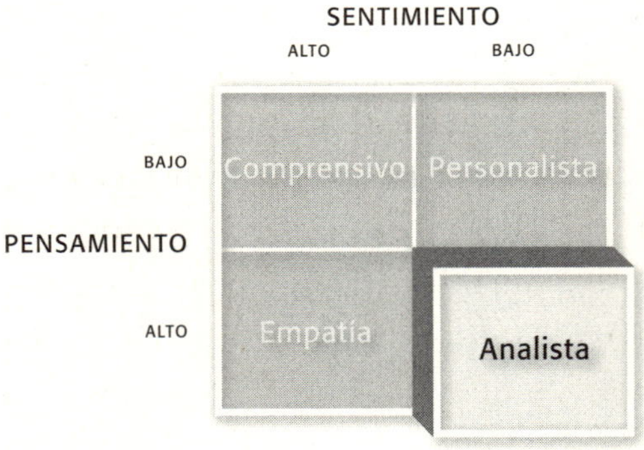

En un retiro matrimonial reciente, los organizadores nos pidieron que dividiéramos al grupo por género, así Leslie podía conocer a las mujeres y yo, a los hombres. Ambos acordamos de antemano que les pediríamos a nuestros respectivos grupos que describieran un momento en el que hubieran ayudado a su cónyuge con un problema usando la empatía. Luego pediríamos que aquellos que se hubieran sentido especialmente bien al usar la empatía para ayudar al otro, contaran lo que habían hecho. Casi sin excepciones, las respuestas que escuchamos en cada grupo incluían explorar el estado sicológico

> No conocemos las mayores profundidades del corazón humano; sólo se revelan al amor. Pero aquellos que condenan, casi siempre tienen poco amor y, por tanto, el misterio del corazón al que juzgan se encuentra cerrado para ellos.
>
> **Nicolás Berdyaev**

de la otra persona y explicárselo al estilo de la sicología popular.

Por desdicha, esas parejas bien intencionadas no utilizaban la empatía. Estaban utilizando la sicología. Decían cosas como: «Estás proyectando tus propias necesidades en mí y luego intentas conocerlas para sentirte mejor contigo mismo». O también: «Tal vez te sientas rechazada en esta situación porque te hace pensar que eres la más joven de tu familia». Francamente, en realidad estaban dejando de lado el problema de su pareja analizando las supuestas causas y curas. Y utilizar la sicología, sin importar cuán buena sea la intención, no es lo mismo que emplear la empatía. Sepa que esta nunca impone su propio «diagnóstico». No presume saber qué es lo que «en realidad» sucede. Simplemente intenta ver de una manera certera la situación desde otro punto de vista.

El analista no llega a entender esto.

Yo (Les) debería saberlo. He pasado una cantidad vergonzosa de tiempo en mi matrimonio utilizando la sicología con los «problemas» de Leslie. Al igual que tantos otros esposos, tiendo a dar una respuesta al problema antes de conocerlo bien. Pero, por supuesto, eso está muy lejos de la empatía. Analizar con su cabeza y rechazar la importancia de su corazón nunca le llevará al intercambio.

Entonces, si aquí es donde se encuentra en la matriz del intercambio, siéntase bien porque —tal como sucede con el comprensivo—, usted tiene la mitad necesaria para practicar la empatía. Y pronto le mostraremos cómo conseguir lo que le falta.

El que empatiza
Una buena medida tanto de pensamiento como de sentimiento

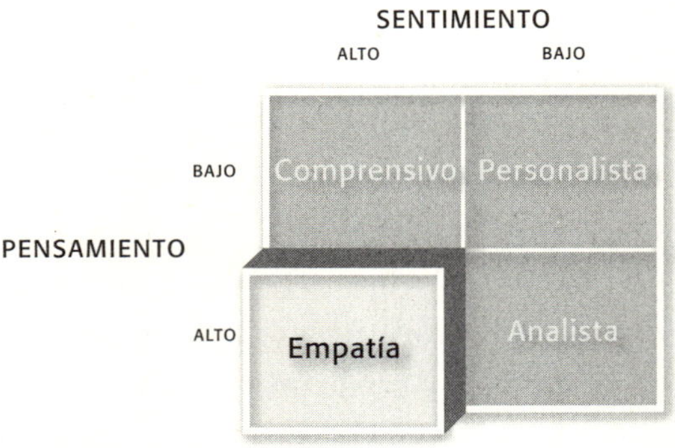

Por supuesto, el lugar en el que más se desea estar en la matriz del intercambio es aquel en que el análisis y la comprensión se combinan. Es allí donde reside la verdadera empatía. Y, cuando usted y su pareja lleguen a ese estilo social juntos, habrán logrado el avance más importante.

Necesitan ponerse uno en los zapatos del otro, tanto con su corazón como con su cabeza. Se requiere una profunda armonía emocional dada por una capacidad cognitiva objetiva. En otras palabras, hace falta que la cabeza y el corazón se moderen uno al otro. Esa es la clave.

No hace mucho Jackson, nuestro hijo de cuatro años, estaba mirando el programa Plaza Sésamo cuando vimos una historia que nos era familiar. Era una versión del famoso cuento de los Hermanos Grimm, *La princesa y el sapo.* Como saben, la historia termina con la princesa malcriada besando al sapo, que luego se transforma en un príncipe. Pero en esta versión de Plaza Sésamo, Miss Piggy, adornada con su tiara, no encuentra a su príncipe con un beso. Al contrario, con su beso es ella quien se convierte en sapo. ¡Puf!

> *Así, enseñado con el tiempo, mi corazón ha aprendido a brillar por el bien de otros, y a derretirse por su aflicción.*
>
> **Homero**

Jackson se reía, y esa era la intención del programa. Pero fue John, nuestro hijo de nueve años, quien agregó una observación más seria: «Si quieres conocer a los sapos, debes sentir y pensar como un sapo».

Eso es exactamente la empatía. Sentir y pensar como el otro. Es algo complejo, sin duda. Entonces, si no es este su lugar dentro de la matriz del intercambio, le daremos muchos recursos para llegar allí.

En efecto, el resto de este libro se dedica a ayudarle a hacer precisamente eso.

Para reflexionar

1. *¿Está de acuerdo con que la empatía es el centro de su relación? ¿Por qué?*
2. *¿Qué uso le da a la matriz del intercambio en este capítulo? ¿Le aclara su propio estilo? ¿Y le aclara el estilo de su pareja? Si es así, ¿en qué aspectos?*
3. *Cuando piensa en aprender a intercambiar de lugar, ¿cuál cree que será su reto más grande y por qué?*

Ejercicio uno

Explore su propio estilo social

Una breve nota acerca de nuestros manuales de trabajo: Tanto su pareja como usted pueden encontrar este ejercicio opcional en el *Libro de ejercicios de Intercambio (para hombres y mujeres).* Estos ejercicios no son obligatorios, son simplemente una fuente adicional si quiere un recurso que le ayude a aplicar este contenido en lo personal. Los libros de ejercicios se expenden separados en su tienda preferida u online, visitando www.RealRelationships.com.

La conciencia es curativa. Hemos dicho esto innumerables veces en nuestros seminarios por todo el país. Una vez que se está al tanto de algo sobre uno mismo, puede hacerse algo al respecto. Por supuesto, este capítulo intenta elevar su nivel de conciencia en cuanto a cómo es usted, pero a través de este ejercicio queremos ayudarle a hacer algo con su nuevo entendimiento. Queremos ayudarle a aplicarlo de una manera particular para que pueda distinguirse significativamente.

CAPÍTULO DOS

Logros del intercambio en su matrimonio

La empatía utiliza un corto camino que logra que dos personas estén en la misma página de inmediato, sin tener que malgastar palabras ni tiempo explicando lo que importa.

Darryl McDaniels

Estábamos sentados en un avión cuando Les dijo:

—Escucha esto.

Desplegó la bandeja del respaldo del asiento que tenía delante y, con una mirada expectante, comenzó a golpearla con su dedo índice.

Escuché por un momento, obviamente confundida. Él seguía dándole golpecitos y mirándome.

—¿Acaso has perdido la cabeza? —le pregunté mientras bajaba mi revista.

—Estoy tocando una canción. ¿Puedes adivinar cuál es? —Les continuaba dando golpecitos mientras yo de mala gana tarareaba la canción.

—Vamos, puedes adivinarla —dijo.

Fue en ese preciso momento que el curioso pasajero a mi lado —y en silencio hasta ese punto del viaje—, preguntó:

—¿Es código Morse?

Les, consciente de sí mismo y algo avergonzado, dejó de dar golpecitos.

—En serio, ¿de qué se trata todo esto? —pregunté.

Les insistió en que era una canción y dijo que había estado leyendo sobre un proyecto de investigación en la Universidad Stanford que le había hecho probar el experimento en mí.

El estudio era inusualmente sencillo. Elizabeth Newton, estudiante del doctorado, le asignó a la gente uno de dos roles: «golpeadores» y «escuchas».[4] Los golpeadores recibían una lista con una docena de canciones bien conocidas, como «Feliz cumpleaños», «Mary tenía un cordero», y el himno nacional estadounidense. Entonces, luego de seleccionar una de las canciones, su tarea era dar golpecitos con el ritmo de la canción en una mesa para que lo captara el escucha. El trabajo del escucha era descifrar el ritmo y adivinar la canción.

Bastante simple, ¿eh? Bueno, en realidad, el trabajo del escucha es bien difícil, como vimos el pasajero curioso y yo. En el experimento de Newton, se tocaron ciento veinte canciones. Los escuchas lograron adivinar solo dos y medio por ciento de las canciones. ¡Tres respuestas correctas de ciento veinte!

¿Qué es lo que tiene que ver esa tesis doctoral con intercambiar lugares? Mucho. Eso es lo que hace que los resultados de Elizabeth Newton merezcan un reconocimiento avanzado. Antes de que los escuchas intentaran adivinar el nombre de la canción, Newton les pedía a los golpeadores que predijeran las probabilidades que tenían sus escuchas de adivinar correctamente. Los golpeadores predecían que sus escuchas adivinarían el cincuenta por ciento de las veces. En otras palabras, los golpeadores recibirían la respuesta correcta una de cada dos veces. Pero, en efecto, el mensaje se descifraba bien solo una vez de cada catorce.

¿Por qué? Porque cuando el golpeador da los golpecitos, está *escuchando* la canción en su cabeza. La melodía le es obvia. No puede evitar escuchar la canción mientras da los golpecitos, por lo cual piensa que el escucha tiene buenas probabilidades de descifrar la melodía. Inténtelo. Toque el «Feliz cumpleaños». Es imposible evitar escuchar la melodía mientras lo hace. Y cuando su escucha adivine, «Mary tenía un cordero», se preguntará: *¿Cómo puede ser tan estúpido?*

> *Un matrimonio en el que uno de los dos carece de empatía, no tiene grandes probabilidades de ser exitoso. Y uno en el cual ambos tienen abundante empatía, tiene enormes probabilidades de ser exitoso y feliz.*
>
> **Bernard Guerney**

Por supuesto, el escucha no es estúpido. Al no saber cuál es la melodía, solo escucha un montón de golpecitos desconectados que parecen picotazos de una gallina más que una canción. Pero para el informado golpeador, se ha convertido en un tonto.

Lo mismo pasa en el matrimonio. Cuando «damos golpecitos» expresando nuestro mensaje —ya sea con palabras, con la inflexión de la voz o nuestro lenguaje corporal—, creemos ser obvios para nuestra «escucha». Pero no lo somos. A veces un mensaje que parece evidente no lo es. Está lejos de ser obvio si el otro no está bien informado.

Es aquí donde se evidencia el poder del intercambio. Una vez desarrolladas sus habilidades de empatía, sus «golpecitos» serán diferentes. Y, es más: será un mejor «escucha». En efecto, cuando experimente el poder de intercambiar de lugar en su matrimonio, disfrutará una conexión con el par que nunca antes había disfrutado.

Por supuesto, es un hecho bastante amplio, seamos más específicos entonces. ¿Qué es lo que se logra, exactamente, cuando se involucra a la empatía en el matrimonio? Mucho. Dedicamos este capítulo a mostrarle algunas de las recompensas más tangibles que obtendrá al intercambiar de lugar. Y, al final del capítulo, le revelaremos un bono extra, especial, que quizás no esperaba.

Cuando usted intercambia lugares en su matrimonio:

- Reduce los comentarios críticos.
- Elimina el tedio.
- Disminuye la duración de los conflictos.
- Mejora la amistad con la pareja.
- Establece un compromiso más profundo.
- Da y recibe gracia con más libertad.
- Obtiene una vida más duradera y saludable.
- Ayuda a realizar los sueños de cada uno.

¿Parece muy bueno para ser cierto? No lo es. Los principales estudios en años recientes han revelado esas recompensas y muchas otras para las parejas que utilizan la empatía mutua. Echemos una mirada más de cerca a cada uno de esos aspectos logrados por parejas al intercambiar lugares.

Intercambiar lugares hará que critique menos

¿Alguna vez se inspiró con una idea mientras tomaba una ducha? Eso le pasó al reverendo Will Bowen. Escuchaba a los feligreses de su iglesia, en Kansas City, que se quejaban de todo: desde la temperatura en el santuario hasta la elección de la música los domingos en la mañana. Entonces hizo algo drástico. Le pidió a la gente que hicieran una promesa: un voto de no quejarse, criticar, chismear ni usar el sarcasmo durante veintiún días. A cada persona que accedía a tomar este voto se le daba un brazalete púrpura como recordatorio de su promesa. Si se los veía, o si ellos mismos se veían quejándose, se sacarían el brazalete, se lo pondrían en la otra muñeca, y comenzarían a contar nuevamente.[5]

Muy buena idea, ¿no? Después de todo, ¿quién no querría eliminar las quejas, especialmente en su propio matrimonio? Bueno, es un secreto poco conocido entre los especialistas en matrimonios que las quejas son en realidad algo bueno para su unión. Una investigación en la Universidad de Washington ha demostrado que las quejas, en un nivel moderado, ayudan a las parejas a ventilar sus dolores y penas para seguir mejorando. Lo que no es bueno para el matrimonio es la crítica.

Entonces, ¿cuál es la diferencia entre la crítica y la queja? La crítica casi siempre empieza con *tú* («¡Tú siempre nos haces llegar tarde!»), en cambio, la queja, la mayoría de las veces, comienza con *Yo* («Yo siempre me frustro tanto cuando llegamos tarde a algo que me importa»). Esto puede parecer un simple problema de semántica, pero destaca una gran diferencia en su matrimonio.

Y cuando pone en práctica el intercambio en su matrimonio, frena las críticas automáticamente. Ni siquiera necesita usar un brazalete púrpura para ello; todo lo que requiere es ver su queja desde la perspectiva de su cónyuge. Eso es lo que convierte a una crítica detestable («Tú nunca apagas las luces del garaje»),

> Todo lo que nos irrita de los demás puede conducirnos a entender lo de nosotros mismos.
>
> **Carl Jung**

en una queja más receptiva («Me molesta cuando no apagas las luces del garaje»).

Ahora, escuchará muchos consejos que le dirán que no debe criticar a su pareja. La cuestión es cómo renunciar a ello. Bueno, intercambiar lugares, como verá en un capítulo próximo, es la respuesta. Elimina virtualmente las críticas sin que se lo proponga siquiera.

Intercambiar lugares elimina el tedio

El fastidio es primo cercano de la crítica. Y ya que estamos en el tema, nos sentimos obligados a contarle que este molesto comportamiento también puede ser eliminado a través de la empatía.

> *Si tratas a tu esposa como si fuera un purasangre, nunca terminarás con el fastidio.*
>
> **Zig Ziglar**

Amy Sutherland lo aprendió en un lugar poco común, y escribió sobre ello en un artículo del *New York Times* llamado: «Qué me enseñó Shamú sobre un matrimonio feliz». Sutherland explica que luego de doce años de matrimonio, se molestaba por los irritantes hábitos de su esposo Scott. «Estas molestias menores no son para separarse o divorciarse», escribe, «pero al sumarlas comenzaron a opacar mi amor por Scott. Entonces, así como lo hicieron muchas esposas antes que yo, ignoré una gran cantidad de libros con consejos y centré mi atención en mejorarlo. Con fastidio, por supuesto, lo cual solo logró hacer que su comportamiento fuera peor». Continúa describiendo cómo su esposo manejaba más rápido en vez de más lento; se afeitaba con menor frecuencia y no mayor; y dejaba su olorosa ropa de trabajo en el piso del dormitorio más tiempo que antes.

El cambio para Amy llegó mientras investigaba un libro. Asistía a una escuela para entrenadores de animales exóticos en California, donde veía formas de enseñar a los delfines a dar vueltas, y a los elefantes, a pintar. Y fue allí donde sucedió. No estaba viendo el fastidio desde el punto de vista de su esposo. No pensaba en cómo se sentía al recibir sus constantes críticas y protestas.

Entonces pensó que si estuviera en los zapatos de su marido, se sentiría mucho más motivada a mejorar su comportamiento si se le recompensara por las buenas actitudes que si era castigada por las malas. «Después de todo», razonó, «no se logra que un lobo marino balancee un balón en su nariz fastidiándose con él».

De vuelta a su casa en el estado de Maine, comenzó a agradecerle a Scott si tiraba una camisa sucia en el cesto. «Si tiraba dos», dice, «lo besaría. Al mismo tiempo, me pararía sobre cualquier ropa sucia tirada en el piso sin decir una palabra, aunque a veces las pateaba debajo de la cama. Pero a medida que veía que notaba mi aprecio, las pilas se le acababan más».[6]

¡Ver su propio fastidio desde el punto de vista de su esposo! Eso es empatía. Y es eso exactamente lo que nos permite eliminar el fastidio de nuestro propio matrimonio.

Intercambiar lugares acorta los conflictos

Hay un viejo chiste acerca de una pareja, casada durante décadas, que vivía en un pequeño pueblo. Dos hombres mayores estaban sentados en un banco cuando uno le pregunta al otro cómo estaba el señor y la señora Smith. «¿Sabes cómo?», respondió

> *Las cabezas calientes y los corazones fríos nunca han resuelto nada.*
>
> **Billy Graham**

lacónicamente. «Han tenido solo una discusión en su vida de casados, y siguen en ella».

Enfrentémoslo. El conflicto es inevitable, aun si es siempre la misma pelea una y otra vez. Pero la mayoría no nos limitamos a un área de conflicto. Después de todo, se necesita muy poco para que haya discusiones en la mayoría de los matrimonios. Terminamos discutiendo por cosas pequeñas y tontas: «¿Quién tomó mi bolígrafo?» o «¡Acabas de dejar pasar un lugar para estacionar!» Estas preguntas o frases aparentemente inocuas, cuando son pronunciadas con una actitud en particular, pueden desatar un problema mayor. Es casi inevitable. No podemos eliminar el conflicto por completo; no si somos auténticos con respecto a nuestros sentimientos. Pero la empatía puede reducir la vida de los conflictos y minimizar su impacto negativo.

¿Cómo lo logra la empatía? Cambiando la culpa por soluciones posibles. Cambie la palabra «Tú» por «Nosotros». Un estudio que aparece en *Psychological Science* [Ciencia sicológica] revela que los «mejores» discutidores son aquellos que no señalan con el dedo. De acuerdo con el estudio, la persona que dice «nosotros» la mayoría de las veces durante una discusión sugiere las mejores soluciones.

Investigadores de la Universidad de Pennsylvania y la Universidad de California del Norte en Chapel Hill utilizaron un análisis estadístico para estudiar a cincuenta y nueve parejas. Aquellos que utilizaban el pronombre de segunda persona (Tú) —como en: «Tú siempre nos haces llegar tarde»— tendían a la negatividad al interactuar. Aquellos que utilizaban el pronombre de la primera persona en plural (nosotros) —como en:

«Estamos llegando tarde»— proveían soluciones positivas a los problemas.

El estudio concluyó: «Los que utilizan el "nosotros" tienen un sentimiento de interés común que destaca el compromiso y otras ideas provocando placer a ambas partes de la pareja. Los que utilizan el 'tú', en cambio, tienden a criticar, a estar en desacuerdo, justificar y afectar al equipo con negatividad».[7]

En otras palabras, cuando se intercambian lugares los conflictos se vuelven inclusivos. La empatía es el gatillo para la inclusión. Cuando los tiempos son duros, la empatía nos lleva a decir algo como: «De seguro estamos pasando un mal momento», en vez de: «Estás haciendo todo mal». La empatía elimina la acusación, quitando el enfoque de la culpa en una persona y llevándolo hacia la solución del problema. Como dijimos, cambia la palabra «tú» por la palabra «nosotros».

Intercambiar lugares los hace mejores amigos

«No es falta de amor», dice Friedrich Nietzcsche, «sino falta de amistad lo que hace infeliz a un matrimonio». Estamos de acuerdo. Y también lo están muchos otros científicos sociales. En efecto, el investigador matrimonial mundialmente reconocido John Gottman, de la Universidad de Washington, nos dijo una vez mientras almorzábamos: «Los matrimonios felices se basan en una profunda amistad».

Y sepa esto, la investigación de Gallup indica que a la calidad de la amistad de una pareja puede atribuirse el setenta por ciento de la satisfacción de un matrimonio.[8] Es más, se dice que la intimidad emocional que una pareja comparte es cinco veces más importante que la física. Y, por supuesto, su nivel emocional de intimidad tiene mucho que ver con su trato físico. Entonces, en cierto sentido, si intercambia lugares puede mejorar la calidad de su amistad, quiere decir que también, por defecto, mejorará su vida.

Entonces, ¿cómo logra la empatía que usted y su cónyuge sean mejores amigos? Ayudándolos a ver a través de los ojos de la otra persona por primera vez. Ayudándolos a compartir algo que, hasta ahora, solo su pareja ha disfrutado. Piense en Barbara Brown Taylor, una profesora de Piedmont College en la Georgia rural. Ella sabe exactamente cómo es que la empatía puede convertirlos en mejores amigos. «Mi esposo, Edward», escribe Barbara, «es aficionado a los halcones y especialmente a las águilas doradas, las que están regresando a nuestra zona de Georgia. Manejar con él por la autopista puede ser una prueba para los nervios mientras se inclina sobre el volante para divisar las plumas de las alas de un ave particularmente grande». Su esposo, como cualquier amante de las aves, quiere saber, ¿es eso un águila o solo un ave de rapiña? «En efecto», dice Barbara, «Edward *debe* saberlo, aunque eso signifique quitar la vista del camino por un momento, o salirse de él de vez en cuando. Mi punto de vista», continúa, «es un poco diferente: "¡Mantén tus ojos en el camino!", le grito. "¿A quién le importa qué es? Te compraré un libro de aves. Es más, te compraré una; pero mira por dónde vas"».[9]

Hace un par de veranos, los horarios de Barbara y Edward los mantuvieron alejados por dos meses, por lo que ella pensó que descansaría de los halcones. «Al, contrario», afirma, «los veía por todos lados, dando vueltas en el aire, haciendo volteretas, parados en la punta de los árboles. Al verlos, al realmente verlos por primera vez en mi vida, comprendí que no los estaba mirando con mis propios ojos, sino con los de Edward. Él no estaba allí, así que yo los estaba observando por él».

Barbara no podía esperar a contactar a su esposo y contarle acerca de los halcones que había visto. ¿Por qué? Porque experimentó la diversión que significa intercambiar de lugar. Es así como la empatía los hace mejores amigos. Por supuesto, quizás no será mediante la empatía con el amor de su pareja a los halcones lo que los acerque. Pero puede ser la cocina, los deportes, la arquitectura, las computadoras, el ejercicio o algo a lo que nunca le haya dado mucha importancia realmente.

Intercambiar de lugar fortalece su compromiso

Cuando Chris Spielman jugaba para los Buffalo Bills, era todo lo que un centrocampista debía ser: rudo, fuerte e inteligente, con pasión, consagración total y lealtad al juego. Jugó la temporada 1995 completa con una lesión en su músculo pectoral, ocasionada a principios de la campaña.

Pero el juego tomó un distante segundo lugar en su pensamiento durante la temporada 1998. Decidió quedarse en casa. Cocinaba, cuidaba a sus hijos, y a su esposa por decisión propia. Stephanie, esposa de Chris, estaba luchando contra la realidad de un cáncer de mama. La cirugía, la quimioterapia, las náuseas... eran los rivales de Stephanie. Durante su lucha, Chris estuvo a su lado. ¿Por qué? Porque no podía imaginarse a su esposa pasando ese difícil momento sin él. Al ver su situación e imaginarse la vida desde el punto de vista de ella, la decisión no requirió debate alguno.

> *A medida que usted reflexiona en los momentos en los que realmente ha vivido, encuentra los instantes en los cuales hizo cosas en nombre del espíritu del amor.*
>
> **Henry Drummond**

Cuando un reportero del *Rochester Democrat and Chronicle* le preguntó si volvería a los Bills más adelante en la temporada, Spielman dijo: «Yo jugaría en un santiamén, pero ¿qué clase de hombre sería si no cumpliera con mi palabra dada a ella? Ni hombre sería».[10]

La verdad es que, era más que su «palabra» lo que hizo que Chris se decidiera. Era la empatía. Eligió ver la vida a través de los ojos de Stephanie. Las investigaciones demuestran que cuando una parte de una pareja toma decisiones prácticas como resultado del compromiso que el matrimonio significa, lo hace debido a un alto nivel de empatía. Y estos estudios también revelan que por supuesto estas parejas no solo disfrutan de un nivel más profundo de compromiso como resultado de la empatía, sino que también obtienen más satisfacción.[11]

Los fanáticos del fútbol enloquecían por la agresividad de Spielman, al dejar todo en el campo con su estilo de juego. Pero durante la temporada de 1998, su esposa era la única fanática a la cual le importaba complacer. Es más, cuando ella perdió su cabello a causa del tratamiento contra el cáncer, Chris se afeitó su cabeza como símbolo solidario de su apoyo. Al entrar en su mundo, el compromiso de Chris con Stephanie no hizo más que fortalecerse. Hoy, ambos disfrutan la vida con sus dos hijos, Madison y Noah, y a la vez están reuniendo fondos para una investigación acerca del cáncer de mama.

Intercambiar de lugar le da a su matrimonio una infusión de gracia

Un rabino enseñó una vez que las experiencias divinas nunca pueden ser planeadas ni logradas. «Son momentos espontáneos de gracia, casi accidentales».

Cuando la empatía habla, silencia al micrófono de la estupidez.

Anónimo

Su alumno le preguntó: «Rabino, si la conciencia que tenemos acerca de Dios es algo accidental, ¿por qué trabajamos tan duro en estas prácticas espirituales?»

El rabino le respondió: «Para ser tan propensos a accidentes como nos sea posible».

Esto también cuenta para los momentos espontáneos en el matrimonio, esos en los que reemplazamos la condena por el amor no merecido. Sepa que, cuanto más practica la empatía, más probable es que la gracia entre en su relación. ¡Y piense cuánto hará eso en su matrimonio!

Yo lo he visto en forma directa. No hace mucho tiempo (habla Leslie), hice algo que podría haber sido catastróficamente peor si no hubiera sido por una saludable dosis de gracia por parte de Les. Estaba haciendo unas diligencias en el auto y como nuestro hijo menor se había quedado dormido en su asiento, decidí dejarlo en casa con mi esposo para poder hacer los mandados más rápidamente y sin interrumpir el sueño de Jack.

Introduje el auto en nuestro garaje, abrí la puerta trasera, forcejeé para sacar a Jack de su cinto de seguridad sin despertarlo y lo llevé escaleras arriba. «Les», le dije a mi esposo que estaba trabajando en su estudio, «te dejo a Jack mientras hago unas diligencias. Está durmiendo en su cuna».

Les entendió mi plan mientras yo me apuraba para volver al garaje y entrar al auto. Pero mientras lo sacaba del garaje, un ruido al que describiría como «confuso» resonó en nuestro vecindario. Resulta que había olvidado cerrar la puerta trasera luego de sacar al pequeño Jackson de su asiento. De modo que cuando saqué el auto, la puerta abierta golpeó contra uno de los lados de nuestro garaje y la arrancó.

Les bajó las escaleras en un instante, con los ojos bien abiertos, y me vio sentada al volante llorando. La causa de ese accidente de un solo auto era obvia. Me aferré al volante preparándome para lo que Les estaba a punto de decirme. Pero no me gritó. No me culpó por nada. Me besó en la mejilla y me dijo: «Estaba pensando en que necesitábamos una nueva puerta para el auto, así que esto es perfecto».

Por supuesto, no me merecía ese tipo de chiste en ese momento. Mi negligencia no solo nos costó dinero, sino que también significó que no podríamos utilizar el auto para ir a nuestro tan esperado viaje a esquiar. Pero en vez de culpa, condenación y enojo, recibí gracia. ¿Por qué? Como dijo Les esa misma tarde en la cena: «Si hubiera estado en tu lugar en ese momento, la última cosa que habría necesitado de ti era un reto».

Usted conoce el proverbio de los nativos estadounidenses: «No juzgues a tu vecino hasta que hayas caminado dos lunas en sus zapatos». Bueno, precisamente eso se hace verdad cuando se practica la empatía mutua. Como uno ha caminado en los zapatos de la otra persona, el juicio se reemplaza con gracia.

El intercambio le dará una vida más larga

Si está buscando una razón tangible para practicar la empatía mutua, no mire mucho más que la duración de su vida. Es verdad. El intercambio les ayudará a ambos a vivir más.

Un matrimonio con poca empatía —y esto ha sido demostrado por investigaciones— carga un peso biológico en ambos integrantes. Un estudio acerca de recién casados felices, aún hablando de la empatía mutua, descubrió que una confrontación de treinta minutos en un desacuerdo hace que la presión sanguínea de ambos aumente, y los índices de función inmunológica (medido a través de seis hormonas adrenales) desciendan por varias horas.[12] ¡Y eso sucede en las parejas felices!

¿También se aplica a las parejas con más años de experiencia? Cuando se hicieron unos estudios similares en los sistemas endocrino e inmunológico de parejas con un promedio de cuarenta y dos años de casados, la falta de empatía una vez más demostró varias manifestaciones no saludables en sus cuerpos. Y dado que la edad debilita los sistemas inmunológico y cardiovascular, la tensión y la discordia entre parejas de mayor edad tienen una mayor carga en su salud.[13]

> *El verdadero contentamiento viene con la empatía.*
>
> **Tim Finn**

Por otro lado, las parejas que han utilizado la empatía durante sus discusiones manifestaron una relajación con niveles menores de dichas hormonas. En resumen, las parejas que intercambian de lugar viven una vida más saludable y duradera. Pero aún hay más buenas noticias médicas para las parejas que practican el intercambio.

Un estudio del 2005 realizado por investigadores en la Universidad del Estado de Ohio, demostró que las discusiones maritales y la falta de empatía tienen un impacto negativo en la recuperación y curación de una de las partes después de alguna lesión. El estudio observó a cuarenta y dos parejas, todas casadas al menos hacía doce años, durante dos consultas clínicas con dos meses de intervalo. Al principio de cada visita, los investigadores utilizaron un pequeño equipo de succión para provocar ampollas en los brazos de cada participante. Durante la primera visita, las parejas fueron guiadas a sostener discusiones positivas. Para la segunda, sin embargo, fueron alentadas a hablar acerca de cosas en las cuales no concordaran. Las sesiones fueron grabadas en video para determinar el grado de hostilidad entre cada pareja, y las heridas fueron monitoreadas a través del flujo sanguíneo y la acumulación de fluidos. El estudio reveló que un desacuerdo de treinta minutos agrega un día o más al proceso de curación de una herida.[14]

Otro estudio más diseñado para evaluar en qué medida pueden ofrecernos asistencia biológica las personas que amamos cuando lo necesitamos, demostró que las parejas que pueden sostenerse las manos durante una experiencia dolorosa en un tratamiento médico, sufrían mucha menos ansiedad. Y cuando los científicos intentaron medir si era con la mano de cualquier persona o solo con la de su pareja, tuvieron que suspender esa parte del estudio. ¿Por qué? Porque los individuos estudiados siempre adivinaban si la mano era de su pareja o de un extraño.[15]

Entonces, intercambiar de lugares nos ayuda no solo a vivir de una manera más saludable y duradera, nos ayuda a sobrellevar mejor el dolor físico y a curarnos más rápidamente cuando estamos heridos. ¡No es un mal plan médico!

El intercambio le da alas a sus sueños

Si no hubiera sido por una esposa empática llamada Sophia, Nathaniel Hawthorne quizás nunca haya aparecido en la lista de los grandes nombres de la literatura estadounidense. Cuando Nathaniel, un hombre con el corazón partido, fue a casa a contarle a su esposa que era un fracasado y que había sido despedido de su trabajo como pesador y evaluador del edificio de Aduanas de Boston, ella se mostró alegre.

—Ahora —dijo con tono triunfante—, ¡puedes escribir tu libro!

Nathaniel respondió confundido y con cierta vacilación:

—¿Y con qué viviremos mientras lo escribo?

> *Aprendí que siempre que decida algo con el corazón franco, estaré tomando la decisión correcta.*
>
> **Maya Angelou**

Para su asombro, ella abrió un cajón y sacó una gran cantidad de dinero.

—¿De dónde sacaste eso? —exclamó él.

—Siempre supe que eras un hombre genial —le dijo—. Sabía que algún día escribirías una obra maestra. Entonces todas las semanas, del dinero que me dabas para el cuidado de la casa, yo guardaba un poco. Aquí tenemos suficiente como para vivir todo un año.[16]

Fue durante ese año que Nathaniel Hawthorne escribió una de sus grandes novelas de la literatura, *La letra escarlata.*

Sophia creía en su esposo Nathaniel porque entró en su mundo. Ella conocía sus sueños y entendía su pasión por escribir. La empatía hace eso en un matrimonio. Nos ayuda a realizar los sueños de cada uno. Sepa que una vez que entienda lo que motiva la visión de su cónyuge en la vida —y que eso también abarca su vida juntos—, está mucho más propenso a hacer lo que sea para convertir en realidad esos sueños. Y su cónyuge lo hará por usted también.

Un rápido repaso

Aquí los tiene, ocho de los mayores beneficios del intercambio de lugar. Al practicar la empatía mutua, creará un dueto coordinado de sentimientos positivos.[17] En resumen, si intercambia de lugares en su matrimonio, logrará:

1. Reducir los comentarios críticos.
2. Eliminar el fastidio.
3. Reducir la duración de los conflictos.
4. Medios para ser mejores amigos.
5. Obtener herramientas para desarrollar un compromiso más profundo.
6. Una manera segura para dar y recibir gracia el uno del otro.
7. El beneficio de tener una vida más larga y saludables.
8. Una ayuda para realizar sus sueños juntos.

No está mal, ¿eh? Pero tenemos más noticias buenas. Puede alcanzar esos beneficios más rápido de lo que piensa.

¿No nos cree? Considere esto: En la década de 1930, American Airways, que luego se convirtió en American Airlines, tuvo un problema terrible en lo que respecta al extravío de equipaje. Las quejas de los pasajeros seguían surgiendo a pesar de que la compañía trataba de hacer lo mejor posible por lograr que los directores de la estación lograran terminar con el problema. Finalmente, LaMotte Cohn, director general de la aerolínea por aquellos tiempos, tuvo una idea. Cohn pidió a todos los directores de las estaciones del país que viajaran a la estación central para sostener una reunión. Luego se aseguró de que los equipajes de todos ellos se perdieran en el transcurso de sus respectivos viajes.

¿El resultado? ¡Adivinó! La aerolínea desarrolló un gran progreso en lo que respecta al problema del extravío de equipaje. Eso se dio gracias a que el mismo personal de la aerolínea pudo ver el problema desde el punto de vista de sus clientes.[18]

Cuando logramos ver alguna situación desde el punto de vista de otra persona, cuando logramos sentirlo de la misma forma que él o ella, instantáneamente tomamos las medidas que sean necesarias. Sabemos que la palabra «instantáneamente» acarrea grandes promesas, pero es la realidad. ¿Deberíamos atenuarla diciendo «casi al instante»? No nos parece correcto. La empatía puede cambiarlo todo repentinamente. No bien vea un problema desde el punto de vista de su cónyuge, una vez que se haya puesto en sus zapatos, en ese mismo instante logrará el cambio.

A diferencia de los directores de American Airways, no necesita que lo convenzan para lograr dicho cambio. Lo hará sin necesidad de que lo provoquen. Esa es la promesa de la empatía rápida.

Lo que sí puede llegar a necesitar es un poco más de convencimiento. Tal vez le hayan dicho que la empatía requiere mucho tiempo. En tal caso, antes de cerrar este capítulo, permítanos destacar lo rápido que la empatía puede lograr una diferencia positiva en cuanto al matrimonio.

El intercambio de lugares se da rápidamente

Algunas personas comentan que la empatía es ineficiente, que requiere mucho tiempo y esfuerzo. Estamos totalmente en desacuerdo con eso. La empatía es altamente pragmática. Es la manera más rápida de lograr un progreso en su matrimonio. Ahorra gran cantidad de tiempo para atravesar obstáculos y acelera su éxito.

Piense en cualquier conversación complicada que haya tenido con su cónyuge. Tal vez fue un malentendido acerca de unas prescripciones. Quizá sea por una broma que malinterpretó en una reunión con amigos. O quizás fue la falta de aprecio y reconocimiento la causa de su frustración. Cualquiera fuese el problema, ¿no le gustaría poder hacer que se diluya de inmediato? ¿No le gustaría tener un botón mágico que haga que todas las cosas sean mejores de un momento a otro? Seguro. ¿A quién no le gustaría? Bueno, eso es lo que puede lograr el intercambio de lugares.

Es rápido.

Tal como verá a continuación, la empatía no requiere de una larga y complicada conversación para que las cosas vuelvan a encarrilarse. Literalmente puede suceder de manera instantánea. Por ejemplo, hace poco Les y yo tuvimos una conversación que fue subiendo de tono. La causa era qué serviríamos para comer en una fiesta que íbamos a dar en nuestra casa.

—Puedes servir solamente enchiladas —dijo Les—. A la gente le encanta.

—No serviré enchiladas —protesté—. Estas personas están esperando una cena más elaborada.

—Bueno, entonces no sé qué decirte —exclamó Les saliendo de la habitación.

—¿A dónde vas? —le grité.

—Dejé helado fuera del refrigerador en la cocina —me respondió con un gruñido.

Lo seguí a la cocina, él podía sentirme murmurando para tener una discusión basada en por qué las enchiladas no eran apropiadas para la fiesta y cuánto debía involucrarse él —tanto como yo— para esa actividad.

Antes de llegar al helado que estaba a punto de derretirse, Les se dio vuelta, me tomó de los hombros y me dijo:

—Ayúdame a ver esto desde tu punto de vista.

Eso fue todo lo que necesitábamos. En menos de un minuto le conté cómo había utilizado gran cantidad de mi tiempo para elegir el menú, hacer la comida, preparar la casa, llamar a la niñera, ayudado a nuestro hijo que está en segundo grado para un examen, llevado a mi madre al médico y demás cosas.

—Con razón estás tan alterada —me confesó Les—. No me imaginaba que tenías tantas cosas encima.

Eso fue todo. En ese mismo momento, Les de pronto vio mi mundo desde mi perspectiva y la tensión se derritió mucho antes que el helado. Me ofreció encargarse de algunas de mis tareas y seguimos adelante. El punto es que sin intercambiar lugares, nuestra discusión acerca de las enchiladas habría evolucionado hasta convertirse en una pérdida de tiempo emocional que ninguno de los dos quería.

¿Se entiende el punto? No deje que nadie le diga que la empatía es una pérdida de tiempo. No lo es. ¡Nada funciona tan rápido como la empatía!

Asimismo, varios estudios en el campo de la medicina han destacado la eficiencia de la empatía. Más y más doctores están aprendiendo y comprendiendo su valor. ¿Por qué? Porque impacta sus principios. Los médicos, por supuesto, necesitan sentir la ansiedad y la incomodidad de sus pacientes para poder actuar con ellos eficazmente. Pero rara vez «se toman el tiempo» para hacerlo. Creyendo que los calmará, la mayoría de los médicos se apuran en sus citas sin utilizar la empatía. En efecto, un estudio revela que los pacientes tenían un porcentaje de cuatro preguntas que hacerle al médico, pero que durante sus visitas solo podían preguntar una o dos de ellas. Una vez que el paciente comienza a hablar, la primera interrupción del médico ocurría, en porcentaje, dentro de los primeros dieciocho segundos.[19]

Los médicos que intercambian de lugar con sus pacientes, por otro lado, les cuentan a sus pacientes qué pueden esperar de un tratamiento, con lo que comprueban que entienden qué es lo que sucede. Casualmente, la falta de empatía es el principal vaticinador primario en los casos judiciales de mala práctica. ¿Y cuánto tiempo le toma a un doctor ser exitoso con la empatía? Solo tres minutos.[20]

Una vez más, nada funciona más rápido que la empatía. Y mientras avanzamos en este libro, verá la razón con exactitud. Pero en el próximo capítulo, queremos que sepa por qué algunas parejas nunca logran llegar a las recompensas de las que hablamos aquí. Eso ocurre porque no comprenden cuáles son los prerrequisitos para el intercambio.

Para reflexionar

1. *Al considerar los beneficios del intercambio en su matrimonio, ¿cuál de las recompensas es la que más le llama la atención y por qué?*
2. *Un beneficio común de la empatía es lo que algunos llaman la «infusión de gracia» en su matrimonio. ¿Qué lograrían la mayor gracia y aceptación en su matrimonio para los dos?*
3. *¿Cuál es su opinión acerca del punto en este capítulo que dice que la empatía funciona rápido? ¿Es que la empatía le ahorra tiempo a largo plazo? ¿Está de acuerdo con ello? ¿Por qué?*

Ejercicio dos

Consiga lo que quiere

En términos de empatía, el error más común es creer que está dirigida mayormente al receptor. En otras palabras, las personas que no comprenden la empatía no se dan cuenta de que es la manera más rápida de que sus propias necesidades se satisfagan también. Este ejercicio le ayudará a poner en palabras exactamente lo que necesita de su matrimonio y de su pareja. Es más, le proveerá un variado menú de ítems potenciales que le gustarán. Y, por supuesto, le ayudará a mejorar la tendencia a conseguir exactamente eso.

CAPÍTULO 3

Prerrequisitos del intercambio

La empatía se apoya en la conciencia de nosotros mismos.

Daniel Goleman

—Los cuartos de los niños están helados —dije.

—Lo sé, estoy intentando comprender cómo funciona este nuevo termostato —respondió Les mientras luchaba con el aparato en la pared. Nos habíamos mudado a una nueva casa luego de dos años de planear y construirla.

—Me gustaba nuestro viejo termostato. Solo se graduaba la temperatura y eso era todo —dije mientras Les intentaba utilizar nuestro nuevo sistema de calefacción.

—Te entiendo, pero este es mejor —me respondió—. Solo necesitamos averiguar cómo funciona.

—Bueno, no voy a dejar que mis hijos duerman en esos cuartos fríos esta noche —dije—. Los dos se van a levantar con neumonía.

Les me miró, como diciendo: *¿En serio lo crees? ¿No te parece que estás exagerando un poco?*

> *Sólo al conocerse a sí mismo puede su cerebro servir como herramienta eficaz.*
>
> **Bernard M. Baruch**

—¡Lo digo en serio! —continué—, ¡esto es una locura!

—Leslie, tómate un respiro —dijo Les con voz calmada pero firme—. Nadie se enfermará de neumonía.

—¡Este cuarto es un refrigerador! ¡En serio!

—Lo sé —dijo Les—. Por eso estoy trabajando en ello, pero tenemos que darle tiempo para que funcione.

—Ni siquiera comprendo por qué quisiste este aparato.

—¡¿Qué?! ¿Tú crees que *yo* quise esto? —preguntó Les—. Los dos estábamos allí cuando el hombre dijo que funcionaría a la perfección. Ambos estuvimos de acuerdo.

—Yo solo sé que mis pequeños tienen mucho frío. —Y con eso, di media vuelta y me fui.

—¿Dónde vas?

—A buscar más frazadas.

La verdad es que el cuarto de los niños no estaba tan frío como nuestra relación. ¿Por qué era eso? ¿Sería porque yo estaba *realmente* molesta con algo que no era el termostato? ¿Sería porque mis emociones se estaban alimentando con otra preocupación, algo que no estaba diciendo?

¡Bingo!

¿Alguna vez le sucedió algo así? Es una pregunta tonta, lo sé. Todos tenemos conversaciones que parecen ser un poco más emocionales de lo que deberían. Todos tenemos relaciones en las que tropezamos y nos damos vuelta por razones que no son fáciles de ver. Técnicamente no son «peleas». Son solo puntos difíciles y particulares, parches del camino matrimonial que parecen ser peores que otros.

No solo eso, todo matrimonio tiene interacciones duras que parecen no tener nada que ver con lo que se comunica de forma verbal. Ya sabrá a qué me refiero. Es cuando uno mismo está apagado. Fuera de sintonía. Se siente como si estuviera en una página diferente a la de su pareja. No puede uno darse cuenta de ello si lee la conversación, pero se puede sentir si se está en la misma habitación.

Esas interacciones poco placenteras, que le dan un poco de picante al matrimonio, rara vez tienen su explicación en lo que aparece en la superficie. La causa –un descubrimiento que puede sanar la situación y volver a ponerlos a ambos en la misma página– se encuentra en un nivel más profundo. Y se puede hallar siempre mediante la empatía, lo cual cambia la interacción en un instante.

Sin embargo, hay una trampa. La empatía no puede hacer ese gran trabajo a menos que se apoye en la inteligencia emocional.

¿Es usted emocionalmente inteligente?

> *Conózcase a sí mismo*
>
> **Sócrates**

En 1990, el sicólogo de Yale, Peter Salovey y John Meyer de la Universidad de New Hampshire, utilizaron la frase «inteligencia emocional» para describir las cualidades que llevan a las interacciones humanas a su máximo rendimiento. El sicólogo de Harvard y escritor de la sección de ciencia del *New York Times,* Daniel Goleman, llevó la frase a la escena nacional con su gran libro *Inteligencia Emocional.* Él llama empatía a nuestro «radar social» y cree que opera en diferentes niveles. En el último de estos, la empatía comprende los problemas que se encuentran más allá de los sentimientos de la persona.

La clave para identificar y entender el terreno emocional de su pareja, concuerdan los expertos, es una familiaridad íntima consigo mismo. Goleman cita la investigación de Robert Levenson en la Universidad de California, en Berkley, como ejemplo principal. Levenson lleva a los matrimonios a su laboratorio de sicología para hablar acerca de dos cosas: una charla informal acerca del día de cada uno y luego, una emocional de quince minutos en cuanto a algún desacuerdo.

Levenson registra el ritmo cardíaco, la tensión de los músculos, los cambios en la expresión facial y otros aspectos del marido y la mujer. Luego del desacuerdo, uno de los dos se va. El que queda repite la charla, destacando los sentimientos que no se expresaron. Luego los roles se invierten y esa persona se va, dejando que la otra narre la misma escena desde el punto de vista de su pareja.

Es aquí donde los investigadores encontraron algo extraordinario. Ambos miembros de la pareja, si solían usar la empatía, parecían copiar las mímicas y gestos de su cónyuge. Si el ritmo de su pareja aumentaba en la cinta, también sucedía con el otro si estaba utilizando la empatía; si disminuía, lo mismo pasaba con el suyo.

Ese fenómeno, llamado *control*, requiere que pongamos a un lado nuestra agenda emocional por un momento y que estemos dispuestos a recibir las señales de la otra persona.[21] Porque, como dice Goleman, «Cuando estamos atrapados en nuestras propias emociones fuertes, estamos en un vector sicológico diferente, cerrados a las claves más sutiles que permiten la comunicación».

El punto es que si no sabemos qué es lo que estamos sintiendo, no podemos dejar nuestros sentimientos particulares de lado por un momento para ingresar al mundo emocional de nuestra pareja. Es por eso que la conciencia de sí mismo es un prerrequisito del intercambio.

Abra las puertas a la empatía

En nuestra desagradable conversación acerca del termostato, el mayor problema para mí no era la urgencia de que el cuarto de mis hijos estuviera aclimatado. Toda persona cuerda sabe que eso toma un tiempo. Yo también sabía que Les estaba esforzándose por mejorar la situación. Eso era obvio. Y, sí, yo estaba presente y di mi voto favorable cuando elegimos ese sistema de calefacción. No tenía el derecho de culpar a Les por ello. Entonces, ¿Por qué estaba siendo tan emocional? ¿Por qué estaba haciendo de mi esposo un enemigo en vez de un compañero de equipo?

Puedo decirles la razón, ahora. Y Les también. La respuesta estaba justo debajo de la superficie de mis emociones exteriores. En efecto, mientras estaba buscando entre las cajas de la mudanza para encontrar unas mantas, Les, con mucha amabilidad, se me acercó para hacer un poco de arqueología emocional y excavar más profundo.

—Desearía poder utilizar esa manta de Hudson Bay que compramos en Calgary el año pasado —dijo.

Yo no respondí.

—Y desearía que Jackson no tuviera esa infección en el oído —continuó.

—Lo sé —dije—. Eso es lo que me está molestando en realidad.

—Sé que es eso —dijo Les con una voz muy reconfortante—. Sin mencionar el hecho de que estamos a una semana de Navidad y no tenemos un árbol, necesitamos hacer compras y mis padres están llegando mañana.

—Exacto —dije con alivio (*él entiende*)—. Este momento es el más loco de todos los tiempos.

—No será la mejor Navidad, eso es seguro —dijo Les mientras ponía sus manos en mis hombros.

—No —dije con una sonrisa— pero si somos afortunados, puede llegar a nevar en el cuarto de los niños esta noche.

—Solo podemos esperar eso —dijo Les, sin perder tiempo.

Eso era todo. Un breve momento de empatía por parte de mi esposo y me quitó el mal humor que tenía. En unos minutos, ambos estábamos en la misma página, sintiendo una conexión entre los dos.

Casi puedo oír lo que piensa mi lector en este instante: «¿Qué momento de empatía?» ... ¿Se lo perdió? ¿Estaba esperando algo más sofisticado sicológicamente? La empatía no siempre requiere algo más que permitir que uno comprenda que, con compasión, puede reconocer lo que está sucediendo en el interior del otro. Y eso es exactamente lo que hizo Les por mí. En vez de tratar de hacerme razonar acerca del funcionamiento del sistema de calefacción, reveló mis verdaderas preocupaciones en cuanto a nuestra familia y la Navidad en un tono reconfortante. Eso era lo que hacía falta para que yo estuviera de vuelta.

Pero aquí está el punto. Les jamás podría haber hecho eso, si no hubiera estado atento a su propio terreno emocional. Habría sido totalmente incapaz de reflejar mis preocupaciones si no se hubiera sentido estresado por ello. Si le hubiese faltado su conciencia emocional en ese momento, ¿qué me habría dicho?

Veamos unas posibles opciones que se me vienen a la mente...

«¿Te das cuenta de lo irracional y emocional que estás siendo?»

«Si quieres leer el manual y descifrar cómo funciona esto, hazlo».

«Me gustaría conversar esto cuando no estés loca».

Elija. Si usted es como la mayoría de las parejas casadas, tal vez ya lo haya hecho. Casi todos decimos esas frases cáusticas en algún momento; Les y yo podríamos haber usado alguna. Y el resultado habría mandado a nuestras emociones a otro nivel de intensidad y probablemente nos habría llevado a una pelea verdadera. Sin embargo, él fue lo suficientemente consciente de sí mismo como para controlar sus sentimientos, lo cual le abrió a los míos un camino. En otras palabras, su propia conciencia le permitió dejar sus emociones de lado, abriendo la puerta a la empatía.

Sea consciente de las experiencias internas para que posibilite su inmediato control de las mismas.

Abraham Maslow

Yo (Leslie) pude haber apaciguado la situación si hubiera hecho mi propia arqueología emocional, excavando más profundo. En el momento en que las cosas se ponían feas, podría haber dicho: «Lo siento, pero estoy tan estresada con la infección de oído de Jackson, la Navidad que se acerca y la llegada de tus padres... Simplemente no puedo con otra cosa más».

Pensemos en nuestras emociones

A primera vista, nuestros sentimientos son bastante obvios. Si le preguntáramos acerca de sus sentimientos durante una interacción en particular que haya vivido hoy, hay gran probabilidad de que las identificara como: triste, culpable, emocionado, agradecido y demás.*

Pero si somos francos, una reflexión mejor evaluada nos haría recordar momentos en los cuales no hemos querido ver lo que verdaderamente sentíamos acerca de algo.[22] Si ha tenido una conversación complicada con su pareja, con un malentendido acerca de las leyes internas (un objetivo fácil para crear un

* Si ha tenido dificultades al tratar de identificar los sentimientos de cada día que pueden parecer obvios para otros, puede encontrar gran ayuda en el apéndice C, que le brinda un plan sencillo para alcanzar la habilidad de identificar y expresar sus sentimientos.

drama emocional), por ejemplo, podría darse cuenta de que lo que expresó como enojo hacia su pareja por no aceptar a sus padres era en realidad pena a causa de que no tuvieran el tipo de relación que usted desearía.

> *Las emociones son buenos sirvientes pero malos maestros.*
>
> **Esopo**

Algunos dicen que el corazón domina nuestra cabeza, que nos dejamos llevar. En otras palabras, sin la conciencia, nuestras emociones toman el mando. Carecemos de objetividad, y la desbordante emoción de nuestras conversaciones nubla nuestra razón. «Estaba tan enojado que no podía pensar claramente», decimos.

Pero eso no sucede con la persona emocionalmente inteligente. Porque puede explicar las razones que hay detrás de las emociones más irracionales. Puede dejar de lado su experiencia emocional, usar algo de objetividad, y manifestar una conciencia emocional propia.

Los sicólogos lo llaman *metahumor*, refiriéndose a la atención en las emociones de uno mismo. Los sociólogos lo llaman *observación propia.* Otros lo llaman *estado de atención.* Nosotros preferimos llamarlo *atención propia.* No importa cuál sea el nombre que se le ponga, estamos hablando de la atención que le damos a nuestro estado emocional interno.

Y esa atención requiere objetividad,[23] o lo que algunos llaman «el sí secundario». El novelista William Styron afirma: «Un segundo yo puede ver con curiosidad y sin pasión cuál es la dificultad del otro». Y, por fortuna, ese tipo de objetividad se aprende.

Entonces, si usted carece de atención propia, le dedicamos este capítulo para ayudarle a acercarse un poco más en esa dirección. Queremos demostrarle cómo pensar —más claramente— en sus propios sentimientos. ¿Por qué? Porque gracias a la claridad emocional, se puede conseguir un matrimonio más alegre y sano.[24] Comenzaremos con una lección de anatomía muy reveladora.

La anatomía de sus emociones

Los padres de Joseph LeDoux eran dueños de un mercado de carne en Luisiana. Fue allí donde Joseph aprendió acerca de cerebros y cómo cortarlos para hacer mollejas. Estaba enamorado de los dobleces, circunvoluciones y patrones del cerebro de las vacas, en especial el cerebelo. En fin, para adelantar un poco la historia, el hijo del carnicero se recibió de neurólogo y, en la Universidad de Nueva York, descubrió el cortocircuito en el cerebro que permite que las emociones actúen antes de que el intelecto tenga oportunidad de intervenir. Ese hallazgo de los caminos del cerebro abrió las puertas a una nueva investigación.[25]

En la última década los científicos aprendieron tanto sobre el cerebro como para definir de dónde, exactamente, proviene la emoción y por qué nuestros sentimientos son esenciales en ello.[26] Las respuestas emocionales primitivas, en un tiempo, eran clave para la supervivencia: el miedo lleva a la sangre a los músculos de mayor tamaño, para que la persona pueda correr; la sorpresa hace que nuestras cejas se arqueen, permitiendo que los ojos vean un poco más y recauden más información acerca de un acontecimiento inesperado. El disgusto provoca una mueca en el rostro y cierra los orificios nasales para mantener los malos olores fuera.

> *Nunca pierdas los estribos, a menos que sea intencionalmente.*
>
> **Dwight Eisenhower**

La vida emocional surge en un área llamada el sistema límbico, específicamente la amígdala. Es allí donde experimentamos el placer y el disgusto y el miedo o el enojo. La neocorteza le permite al ser humano planear, aprender y recordar. La lujuria surge del sistema límbico; el amor, de la neocorteza.

> *La felicidad del hombre no consiste en la ausencia de sus pasiones, sino en su buen tratamiento.*
>
> **Alfred Lord Tennyson**

Los reptiles, que no tienen neocorteza, no pueden experimentar el amor materno; razón por la cual las pobres serpientes bebés tienen que esconderse para evitar ser alimento de sus propios padres. ¡Qué asqueroso! Por dicha los humanos, con nuestra capacidad de amar, protegemos nuestra creación, permitiendo que los cerebros de nuestros hijos se desarrollen con el tiempo. Cuantas más conexiones haya entre el sistema límbico y la neocorteza, más respuestas emocionales habrá.

Consideremos a un alpinista ascendiendo una montaña, por ejemplo, que ve —por el rabillo del ojo— una larga y torcida figura en el pasto y sale del camino antes de darse cuenta de que se trata solo de un palo con forma de serpiente. Luego se calma; su corteza recibe el mensaje unos milisegundos después que su amígdala y «regula» su respuesta primitiva.

El neurólogo de la Universidad de Iowa, Antonio Damasio, autor del libro *Descartes' error: Emotion, Reason and the Human Brain* [El error de Descartes: emoción, razón y cerebro humano], trabajó con pacientes que tenían dañada la conexión entre su cerebro emocional (sistema límbico) y su neocorteza a causa de alguna lesión cerebral. Descubrió cuán central es ese camino escondido para definir la manera en que los humanos vivimos. Las personas que habían perdido esa conexión eran inteligentes y rápidas en su razonamiento, pero sus vidas se desplomaban de la nada. No podían tomar decisiones porque no sabían cómo se sentían con sus elecciones. No podían reaccionar a las advertencias de enojo en otras personas. Si cometían algún error, como una mala inversión, no sentían ningún tipo de remordimiento o vergüenza, por lo cual tendían a repetirlo.

Si hay algún fundamento para la inteligencia emocional, de la cual dependen muchas otras habilidades emocionales, es una sensación de conciencia, de ser inteligente en cuanto a lo que sentimos.

Ser inteligentes en cuanto a lo que sentimos

Una persona que empieza el día de mala manera en casa puede estar gruñendo durante todo el resto del día en su trabajo, sin siquiera saber por qué. Una vez que la respuesta emocional entra en nuestra atención —o se procesa fisiológicamente a través de la neocorteza— mejoran las probabilidades de tratarla en forma adecuada.[27] Este metahumor que tiene que ver con la conciencia es la habilidad de controlarse y reconocer que «lo que estoy sintiendo es enojo», pena o vergüenza.

Seamos sinceros: la conciencia emocional no es siempre fácil de conseguir. Es una habilidad difícil porque las emociones muy a menudo aparecen disfrazadas. Si está de luto por la muerte de un amigo, seguramente se entristecerá, pero puede ser que no reconozca que también está enojado con su amigo por haber muerto, abandonándole; eso parece ser de alguna manera inadecuado. Si su hijo corre hacia la calle, lo más probable es que usted le grite y le exprese su enojo por desobedecer. Pero su enojo puede deberse más al miedo que siente por lo que le pudo haber pasado que la desobediencia.

Como dijimos, la conciencia emocional puede ser un reto. «Cualquier persona puede enojarse, eso es fácil», escribió Aristóteles. «Pero estar enojado con la persona correcta, al nivel correcto, en el momento correcto, por la razón correcta, y de la manera correcta, eso no es fácil». Tiene razón... (como si Aristóteles necesitara que nosotros aprobáramos sus palabras). Ejercer control sobre las emociones propias no es sencillo. Pero puede hacerse con el esfuerzo de la voluntad.

> *El necio da rienda suelta a su ira, pero el sabio sabe dominarla*
>
> **Proverbios 29:11**

Sepa que tiene que ponerle *voluntad* a su conciencia. No puede esperar que aparezca mágicamente por usted. Usted tiene que decidir —con intención—, ser objetivo con sus sentimientos. Si no lo hace, quizás (1) acabe sumido por sus sentimientos, (2) suprima sus sentimientos, o (3) se resigne a sus sentimientos. Ahora le mostraremos a qué nos referimos.

Algunas personas son sumidas por sus sentimientos

Unos impulsos parecen ser más fáciles de controlar que otros. El enojo, como era de esperar, es uno de los más difíciles, tal vez porque nos lleva a la acción. Los investigadores creen que el enojo surge debido a la sensación de haber traspasado nuestros límites; es el sentimiento de que le están robando algo que es suyo por derecho. La respuesta principal del cuerpo es una descarga de energía, la liberación de una cascada de neurotransmisores (llamados catecolaminas). Si alguien está bajo estrés, el umbral para la descarga emocional es menor, lo cual ayuda a explicar por qué el temperamento de las personas estalla durante un día duro y se vuelven aun más incontrolables.

Cuando estábamos en la universidad estudiando sicología, la opinión popular decía que hay que dejar que la ira fluya. La idea era tener un buen arranque de ira catártica y así liberar el enojo. Los sicólogos saben más ahora. Los estudios demuestran

> *Cuando se enoje, cuente hasta diez antes de hablar; si está muy enojado, cuente hasta cien.*
>
> **Thomas Jefferson**

que el hecho de darle rienda suelta al enojo en realidad aumenta su poder. En cambio, el viejo método de contar hasta diez parece mejor. Porque permite que su cuerpo procese su adrenalina y se distancie un poco de esta emoción candente.

Por supuesto, las personas pueden dejarse devorar por más sentimientos que solo el enojo. Todos hemos visto personas que se encuentran fuera de control o inestables emocionalmente. Se entregan a cualquiera sea el sentimiento en su psiquis, sea tristeza, ansiedad o sorpresa. Se sienten solos al lidiar con sus emociones y permiten que su humor tome el mando. En vez de tener un poco de objetividad que pueda ayudarles a cambiar su humor, hacen poco por cultivar su conciencia y, como resultado, se sienten abrumados.

Algunas personas tratan de suprimir sus sentimientos

Dos extraños habían terminado de ver un tormentoso documental acerca de la Segunda Guerra Mundial y el sufrimiento humano después de la bomba de Hiroshima. Ambos se sentían profundamente molestos por lo que habían visto. Pero cuando comenzaron a hablar entre acerca de sus sentimientos, sucedió algo extraño. Uno de ellos se conmovió y se sintió triste. El otro parecía indiferente, casi sin sentimientos; en realidad, no sentía nada.

Estos dos extraños eran voluntarios en un experimento de la Universidad de Stanford respecto de las consecuencias sociales que produce suprimir las emociones.[28] Aunque se ha estudiado

> *La mayor de las faltas... es ser consciente de nada.*
>
> **Thomas Carlyle**

mucho acerca de las consecuencias internas de almacenar los sentimientos, poco se sabe en cuanto a cómo impacta esto en otras personas. Resultó que la segunda persona fue instruida para ocultar sus verdaderos sentimientos. Naturalmente, la persona sensible a sus emociones se sintió fuera de sincronización con su contraparte. Y, como era de esperar, no sintió ningún tipo de emociones ni conexión con el otro.

Esa es la consecuencia de estar con alguien que oculta sus sentimientos. Por supuesto, no es necesario que se haga un estudio científico para darse cuenta de ello. Todos hemos protagonizado la incómoda e inquietante experiencia de estar con alguien que reprime sus sentimientos. Y algunas personas confunden la conciencia emocional con la represión de los sentimientos. No cometa ese error. Es una práctica que hace ricos a los sicoanalistas.

Poner voluntad para alcanzar la atención de sus emociones no tiene nada que ver con reprimirlas. Es todo lo contrario; a medida que usted se vuelve más atento a sus emociones, no las quita del camino, las controla para mantenerlas trabajando *para usted* y no *en contra de usted*. En otras palabras, la conciencia emocional le da control sobre sus sentimientos.

Algunas personas renuncian a sus sentimientos

A diferencia de aquellos que son absorbidos por sus sentimientos, estos individuos saben claramente lo que sienten. Sin embargo, hacen muy poco por tratar de lidiar con sus emociones. Tomemos la preocupación como ejemplo. No es la emoción más productiva de todas, pero no es del todo negativa. En su mejor uso, la preocupación nos ayuda a ensayar para el peligro. La acción de preocuparnos concentra nuestra mente en un problema con el objetivo de buscar soluciones más eficientemente.

El problema surge cuando la preocupación bloquea nuestro pensamiento, volviéndose un final o un camino a la resignación en vez de la perseverancia. Entonces simplemente nos rendimos y dejamos que nuestra preocupación tome el control. ¿El resultado? Preocuparse de más por una equivocación potencial en realidad incrementa las probabilidades de que esa equivocación se haga realidad. Un vendedor, por ejemplo, puede resignarse y preocuparse por sus malas ventas, al punto que no pueda juntar las fuerzas ni las ganas para levantar el teléfono e intentarlo otra vez. Su resignación y su preocupación garantizan que sus ventas caerán aun más.

A pesar de la claridad en sus estados de ánimo, las personas que se resignan a sus sentimientos no reconocen el poder que tienen para modificarlos. Si se sienten deprimidos, por ejemplo, pueden reconocer y hablar acerca de sus sentimientos de tristeza pero no hacen nada por cambiarlos, a pesar de su angustia. Por supuesto, no tiene por qué ser así. Muchos estudios han comprobado el poder que tenemos para cambiar nuestro humor. Pero, como adivinará usted, todo comienza con la *voluntad* de hacerlo.

> *La angustia abate el corazón del hombre.*
>
> **Proverbios 12:25**

Está bien. La propia conciencia emocional (o atención) puede ser un reto. Sabemos que ejercer control sobre nuestras propias emociones no es siempre fácil de lograr. Pero se vuelve más fácil de lo que creemos una vez que nos armamos de la voluntad para hacerlo, una vez que nos volvemos *intencionales* en cuanto a nuestra objetividad.

Eso es cuando estamos en plena realización. Nos damos cuenta de que no tenemos que dejar que nuestros sentimientos nos absorban. No tenemos que suprimir nuestros sentimientos. Ni que resignarnos a nuestros sentimientos. No. Con un poco de pensamiento intencionado, podemos volvernos atentos a nuestras propias emociones y controlarlas con éxito.[29]

Percátese

«Esto que siento es enojo». Esa simple oración, que no decimos en voz alta, abre las puertas a la libertad. ¿Cómo? Nos da la opción de no actuar enojados. Nos da la opción de estallar o de bajar el tono.

Una vez que su conciencia capta una respuesta emocional como el enojo, cuando pisa el freno durante un segundo y se da cuenta de qué es lo que está sintiendo, las probabilidades de utilizar esa emoción en beneficio propio serán mejores. Es más, a través de la conciencia emocional, sus emociones se transforman en herramientas, permitiéndole crear interacciones empáticas que de otra manera se habrían perdido. Piense en los momentos monumentales perdidos a través de los años por parejas que estaban fuera de sincronización debido a que sus emociones gobernaban su relación. Y si se atreve, piense en los momentos emocionales en su propio matrimonio en que ambos terminaron sintiéndose lejos del otro porque

> *El conocimiento de uno mismo es el que permite que logremos hacernos lo más placenteros y amables que podamos cuando estamos con otras personas.*
>
> **Steven Pinker**

ninguno de los dos se fijó en sus propios sentimientos y salió de sí mismo.

No es un pensamiento agradable. Pero hay buenas noticias. Cuanto antes quiera y decida fijarse en sus propias emociones mientras interactúa con su cónyuge, más temprano experimentará la revelación de que usted puede observarlas y controlarlas. Esta revelación quiere decir que usted puede controlar el impulso de descargar su ira en su esposa. Significa que puede suspender la gratificación inmediata para sí mismo con el fin de mejorar el espíritu de su pareja. Significa que puede regular su humor y crear una atmósfera más positiva para los dos. Sobre todo, al estar consciente de su propio terreno emocional, podrá dejar de lado su propio plan emocional para caminar en los zapatos de su pareja. Y esa revelación lo significa todo.

Usted decide

En 1997, cuando Oprah Winfrey estaba preparándose para tocar Sethe en la película *Beloved* [Amada hija], arregló un viaje a lo largo del Underground Railroad, el camino utilizado por los esclavos para escapar. «Quería conectarme con lo que se sentía ser esclavo vagando por el bosque», dijo, «abriendo un camino hacia el norte en busca de una vida más allá de la esclavitud; una vida en la que ser libre, en su nivel más básico, significaba no tener un amo que te dijera qué hacer a cada minuto». Para sumergirse en la experiencia, a Oprah le vendaron los ojos y la llevaron al bosque, donde quedó sola para contemplar cómo abrirse camino hacia la siguiente casa segura. «Allí entendí, desde el principio, que la libertad no significa no tener amo. La libertad es poder elegir».[30]

La libertad de elegir. Ese es el tipo de libertad emocional que logra la conciencia de sí mismo. Toda emoción ofrece una elección. Y todo sentimiento tiene valor. Eso nos puede enseñar algo acerca de nosotros mismos. Por tanto, lo último que queremos hacer en el proceso de intercambiar lugares es ignorar nuestras emociones. Pero lo que sí queremos es poder decidir cuánto durará una emoción o cuán intensa será.

> *La claridad mental significa también claridad con las pasiones; es por eso que una mente grandiosa y clara ama ardientemente y ve con distinción lo que ama.*
>
> **Blaise Pascal**

En tanto nuestras emociones no se interpongan —como obstáculos para nuestra capacidad de pensar y planear, para perseguir una meta o resolver un problema—, definirán nuestra capacidad de amar a nuestra pareja. En otras palabras, nuestra capacidad para controlar nuestras propias emociones determinará nuestra capacidad para el intercambio.

No vale tanto la motivación, si falta la conciencia de las propias emociones, porque faltará también capacidad para empatizar. Uno puede poseer la *voluntad*, pero le falta el *camino*. La conciencia emocional propia es el camino para ver la vida desde el punto de vista de su pareja.

Para reflexionar

1. *La premisa de este capítulo es que su habilidad para controlar sus propias emociones determina su capacidad para intercambiar lugares. ¿Está de acuerdo? ¿Por qué?*

2. *¿Diría usted que es más propenso a dejarse absorber por sus sentimientos, a suprimirlos o a resignarse ante ellos? ¿Por qué?*

3. *Suponiendo que concuerda con la idea de que usted decide —con intención— ser objetivo con sus sentimientos, ¿cómo y cuándo sería capaz de hacerlo personalmente?*

Ejercicio tres

Sepa lo que siente

Puesto que investigar su propio paisaje emocional es prerrequisito para el intercambio, queremos darle un ejercicio que le dará el equipo necesario y las herramientas para hacerlo. Por tanto, en «Sepa lo que siente», ahondamos un poco para que pueda examinarse a sí mismo y a sus emociones. Con este ejercicio, ambos cónyuges aprenderán a expresar sus propias emociones con mayor certeza.

SEGUNDA PARTE

TRES PASOS CRUCIALES DEL INTERCAMBIO

¿Sabía que puede mejorar la eficiencia de una maestra de segundo grado haciéndola caminar de rodillas por la clase? Al ver ese espacio desde el punto de vista de un niño de segundo grado, naturalmente estará preparada para dar clases a los pequeños alumnos.

Cualquier profesión puede mejorarse con más empatía. ¿Sabía que las grandes cadenas de comida rápida utilizan montones de dinero para enviar «clientes falsos» a sus locales, donde verán la experiencia a través de los ojos de los clientes? Las firmas publicitarias de la Avenida Madison se ganan la vida poniéndose a sí mismos en los zapatos de sus clientes.

Las iglesias crecientes están progresando precisamente porque estudian lo que siente el visitante primerizo, por lo que el pastor imagina lo que es sentarse en los bancos. Los «empleados» de Disney saben que los invitados tendrán como promedio sesenta encuentros impresionantes en un solo día en su parque, y quieren que cada uno de ellos sea un momento mágico, por eso trabajan continuamente utilizando la empatía con las familias.[31]

La pregunta es cómo. ¿Cómo utilizan la empatía? ¿Cómo utiliza *cualquier persona* la empatía, especialmente en el matrimonio?

Aquí está nuestra respuesta:

- Paso # 1: Deje a un lado su propio plan (temporalmente)
- Paso # 2: Encienda su radar emocional
- Paso # 3: Demuestre que se preocupa y que le importa

Estos tres pasos están diseñados para ser útiles.

Ahora, normalmente, nos asustaría pensar en tomar un proceso humano tan intrincado y complejo como la empatía y dividirlo en una fría operación de tres pasos. Pero, en efecto, la búsqueda es muy clara. Si quiere utilizar la empatía con su pareja y acertar en el intento, es tan fácil como decir: 1, 2, 3.

He aquí la secuencia resumida:

> Te noto,
> Te siento, y por ello
> Actúo para ayudarte.[32]

En esta sección del libro, echaremos una mirada de cerca a cada uno de estos pasos y le mostramos, en términos muy prácticos, cómo ponerlos en práctica.

CAPÍTULO 4

Te noto:

Deje a un lado su propio plan (temporalmente)

Amarás a tu prójimo como a ti mismo

Mateo 19:19

Ángela se tambaleaba mientras caminaba por un cuarto de conferencias médicas, con sus muslos rozándose entre sí, sus glándulas sudoríparas trabajaban más que nunca. Intentó sentarse en una silla de tamaño común pero sus prominentes caderas se apretaron contra los apoyabrazos. Luego se mudó a una silla extra grande y sin apoyabrazos, pero no podía cruzar sus gordas piernas.

Una dietista la ayudó haciéndola subir a una bicicleta fija que tenía un asiento más grande. Pero cuando intentó pedalear, sus gruesos rollos de tejido abdominal presionaban contra sus carnosos muslos, impidiendo movimiento alguno.

«Cada movimiento que hacía era todo un esfuerzo», admitió más tarde Ángela, de treinta y cinco años. Para entonces, sin embargo, se había sacado su «traje de gorda» y había bajado hasta su actual peso de sesenta kilos.

Ángela se había puesto un «traje de empatía» diseñado para ayudar al personal médico a entender mejor el problema de sus pacientes obesos. El traje en efecto logra hacer subir de peso a las personas menudas como Ángela. Su gran tamaño está pensado para darles una nueva, y más profunda, comprensión de la vida cotidiana y del esfuerzo de los obesos.[33]

¿Resulta? Puede apostar que sí. Ángela vio a simple vista que hasta un movimiento tan simple como caminar puede ser un reto para la gente obesa. Usar el traje «me hizo sentir más respetuosa, más atenta a sus sentimientos», dice. «Literalmente me olvidé de mí misma y me volví otra persona».

Ese es el poder de caminar en los zapatos de otra persona. Y sucede solo cuando se deja de lado el plan propio. Para un físico como el de Ángela, significa dejar de lado la necesidad de tratar a un *paciente,* para tratar a una *persona.* Al dejar de lado su lista de quehaceres médicos, ingresó a la experiencia de la otra persona, ofreciendo ayuda más eficaz.

Esta práctica es más común de lo que pensamos. ¿Ha oído alguna vez acerca del «simulador de embarazo»? Le permite al futuro padre conocer el camino por el que está transitando su mujer embarazada. Mediante el uso de un cinturón a la altura de las costillas y unas pesas estratégicamente posicionadas, el equipo le permite sentir los síntomas más comunes y los efectos del embarazo, incluyendo el aumento de peso, las patadas del bebé y la dificultad para respirar, entre otros.[34] El efecto en los esposos es sorprendente. Muestran mayor paciencia y comprensión frente a la experiencia de sus esposas. Mientras utilizan el simulador, no pueden evitar salirse

> *La capacidad del hombre de experimentarse a sí mismo como sujeto y objeto al mismo tiempo es lo que hace falta para una vida gratificante.*
>
> **Rollo May**

de sí mismos y ver la experiencia desde un punto de vista diferente.

Y esa es la clave. Antes de ingresar a la experiencia de nuestra pareja, debemos salir de la propia. Debemos hacer una jugada sicológica más allá de nuestra preocupación por nuestros intereses y deseos. Por supuesto, no es nuestro enfoque normal, como le mostraremos ahora.

Una revolución particular

En el proceso de tres pasos del intercambio, el primero se refiere a salir de uno mismo. Esto a menudo mejora nuestra naturaleza. ¿Por qué? Porque la mayoría del tiempo vagamos por este planeta deseando que las personas sean más como nosotros. *Si tan solo mi jefe viera las cosas desde mi ángulo, me daría un ascenso. Si la gente en esta autopista manejara como yo, sería mucho más fácil. Y si esta persona con la cual estoy casado hiciera las cosas como yo quisiera, tendríamos un excelente matrimonio.* Por supuesto, normalmente no decimos en voz alta estos pensamientos tan egocéntricos pero, muchas veces, es eso lo que pasa por nuestra mente.

> Si sólo vive para usted mismo, siempre estará en peligro inmediato de aburrirse con la repetición de sus puntos de vista e intereses.
>
> **W. Beran Wolfe**

Como dijimos, es nuestra naturaleza; desde el principio. La pequeña Suzy, por ejemplo, recibe una llamada telefónica de su padre, que le pregunta si mami está en casa. En lugar de decir que sí, la pequeña asiente con la cabeza. Al no oír respuesta, su padre pregunta de nuevo, a lo cual la pequeña

Suzy asiente nuevamente con la cabeza. Lo que la pequeña no puede notar es que su padre no puede verla asintiendo. Suzy solo puede utilizar su propia perspectiva de las cosas. «Estoy asintiendo con la cabeza; ¿por qué sigues preguntándome lo mismo?»

Esta perspectiva egocéntrica que tenemos a los tres años, por supuesto, madura. Al fin y al cabo, aprendemos a salir de nosotros mismos y hacer referencia a los puntos de vista de otras personas. Pero la inclinación básica de ver el mundo desde nuestra propia perspectiva permanece con nosotros. Aun como adultos nos confundimos al ver que una persona no ve, escucha ni entiende de la misma manera que nosotros. ¿Recuerda el estudio del golpeteo de las canciones en Stanford del cual hablamos en el capítulo 2? Es una ilustración perfecta de esto.[35] Al igual que la pequeña Suzy, no entendemos por qué quien nos está escuchando no puede descifrar el ritmo de los golpeteos que tenemos en la cabeza.

Históricamente, este tipo de pensamiento egocéntrico también sucede en un nivel global. Quinientos años atrás creíamos que la Tierra era el centro del universo. Y cuando Copérnico propuso una perspectiva diferente, que la Tierra era uno de muchos planetas girando alrededor del Sol, la idea fue realmente revolucionaria. Así mismo sentirá una revolución particular en su propio matrimonio cada vez que vaya más allá de las preocupaciones de su plan enfocado en usted mismo para reconocer la perspectiva de su pareja.

Un punto de vista rápido aunque importante

Ahora, antes de avanzar más en este capítulo, queremos dejar todo en claro para evitar potenciales malentendidos. ¿Ha notado la palabra que está dentro del paréntesis del título de este capítulo?: *Temporalmente.* Este capítulo no le pide que deje de lado su plan particular *permanentemente.* No le estamos pidiendo que entierre sus propias necesidades y se olvide de ellas por completo. De ninguna manera. Es más, es vital que mantenga su propio plan al alcance de su mano, como verá dentro de poco.

> *Ser parte de una plan que nos excede, nos libera para complementarnos mutuamente en lugar de competir el uno con el otro.*
>
> **Joseph Stowell**

Sepa esto: La empatía mutua no le pide que continúe su camino sin satisfacer sus propias necesidades. Intercambiar lugares no significa que su propio plan va a estar siempre atrás. Una vez que experimente la empatía mutua verá que sus propias necesidades se satisfacen como nunca antes. ¿Por qué? Porque cuando su pareja se sienta valorada y comprendida, sentirá también la necesidad y la obligación de hacer lo mismo por usted. Eso es lo que logra que la satisfacción marital levante vuelo.

¿Ve lo que yo veo?

La persona que no tiene la voluntad de dejar de lado su propio plan es como la que está usando anteojos con la lente al revés. Al mirar al mundo que tiene alrededor todo lo que puede ver es un reflejo de sus propias necesidades y deseos. Esto se llama *egocentrismo,* el corriente fenómeno social y sicológico en el cual las personas tienen dificultades para despegarse de sus propias perspectivas. Puede adoptar varias formas.[36]

- La *memoria egocéntrica* es nuestra tendencia a «olvidar» la evidencia y la información que no concuerda con nuestro pensamiento. En cambio, «recordamos» la evidencia y la información que va de acuerdo a nuestra posición.

- La *infalibilidad egocéntrica* es nuestra tendencia a pensar que nuestras creencias son verdaderas porque así lo creemos. No mantendríamos una postura que no fuera la correcta, por lo que nos decimos que la nuestra *debe* ser la correcta.
- La *razón egocéntrica* es la tendencia a sentirnos superiores confiados en que poseemos la verdad. Esto puede notarlo en los programas en que se debaten los proyectos políticos.

> *Hacer el amor es, en su mejor punto, un acto de empatía mutua.*
>
> **Daniel Goleman**

Todas estas formas tienen algo en común: Ninguna de ellas nos permite escuchar. Solo se preocupan por mantener la perspectiva propia. Cierran toda posibilidad de escuchar intencionalmente. En otras palabras impiden dejar de lado el plan propio.

¿No sería de gran ayuda tener un traje de empatía en su matrimonio? ¿Se imagina una prenda que pueda ponerse y que asegure que deje de lado temporalmente su propio plan para escuchar intencionalmente con mayor certeza y comprender los pensamientos, sentimientos y acciones de su cónyuge? Piense en ello. Podrían volver del trabajo y, aun estando exhaustos, ponerse un traje de empatía —ambos— por unos diez minutos mientras hablan acerca de su día juntos. ¿Cómo impactaría eso en su matrimonio? Como mínimo les daría una tarde en la cual ambos se sintieran completamente comprendidos y comprensivos. Se sentirían conectados y en sincronización mutua. ¡Piense en cómo impactaría en su nivel de intimidad, sin mencionar su vida amorosa!

Usted sí puede ponerse un traje de empatía. Ambos pueden meterse en el mundo del otro, como rutina. Todo lo que hace falta es aprender los secretos para dejar su plan de lado, temporalmente.

Echemos un vistazo entonces a los cinco secretos para apartar su plan particular.

Secreto # 1

Conozca su propio plan

Para dejar de lado su plan, debe saber cuál es. La conciencia emocional, como recordará, es un prerrequisito para lograr la empatía. Su plan no es más que sus metas inmediatas. Eso incluye lo que quiere hacer (terminar este capítulo, planear la cena, salir a caminar), lo que quiere sentir (iluminación, retos, superioridad) y lo que quiere hablar (acerca de unas vacaciones, un problema en el trabajo, lo herido que se sintió la noche anterior).

Su plan se renueva y revisa continuamente. Y es una fuerza muy poderosa. Le obliga a mantenerse enfocado en su meta. De la misma manera que un ejecutivo en una reunión, usted no quiere alejarse de su proyecto porque eso significaría no poder alcanzar su objetivo. La diferencia, por supuesto, es que su plan no se imprime y distribuye entre sus amigos y familia. A veces es secreto. A veces, nadie lo conoce más que usted.[37]

Por otro lado, su plan puede ser claro y explícito desde el principio. Puede ser un mensaje emocional que quiere dar. No se disfraza ni oculta con un manto de misterio. Por ejemplo, puede querer que su pareja sepa que usted está enojado. Puede querer que su cónyuge sepa que no quiere ser denigrado frente a sus amigos. Y eso que sucedió más temprano en la tarde... no quiere que vuelva a suceder. En efecto, usted quiere que su pareja pague un precio por haberlo avergonzado. Entonces, ¿qué es lo que hace? Levanta el tono de voz, camina por la habitación, apunta con el dedo y culpa. O quizás se refugia en otra parte de la casa en un intento por transmitirle este mensaje a su pareja. El punto es que usted haría cualquier cosa para lograr sus objetivos. Y la última cosa que quiere hacer cuando su plan se encuentra en estas circunstancias es dejarlo de lado. Es más, en esos momentos en los cuales su amígdala está funcionando a todo vapor, es casi imposible hacerlo.

> *No hay nada que puedan decirnos que cale tan profundo como lo que descubrimos de nosotros mismos.*
>
> **Theodor Reik**

O tal vez su proyecto en ese momento no sea un mensaje intenso ni emocional que quiere dar a conocer. Puede simplemente tener como meta hablar por teléfono celular. Afrontémoslo, nuestra concentración se ve en peligro en esos momentos en que tenemos varias tareas a la vez. Pierde agudeza cada vez que dividimos nuestra atención. «Una conversación de cinco minutos puede ser un momento perfecto y significativo en la vida humana», dice un artículo del *Harvard Business Review*. «Para que resulte, debemos dejar de lado lo que estamos haciendo, dejar el memo que estamos leyendo, desconectarnos de nuestra *laptop*, abandonar nuestro sueño del día, enfocarnos en la persona con la cual estamos».[38]

Usted debe saber qué es lo que hace que su plan se caliente o enfríe, para poder dejarla de lado.

Secreto # 2

Prepárese

La mayoría de las personas no sabe que los circuitos sicológicos se pueden orientar para hacer una conexión. Los científicos

> *La bondad no consiste en las cosas externas que hacemos sino en las internas que somos.*
>
> **Edwin Hubbel Chapin**

lo llaman *prepararse*. El hecho de pensar en una acción ya prepara a la mente para que la llevemos a cabo. Si piensa en cómo recibiría a una persona en un almuerzo, si le dedica algún tiempo a saber cómo es su vida, tanto su bienvenida como su conversación serán más cálidas. Se sentirá conectado y en la misma frecuencia de onda con la otra persona.

Lo mismo aplica a su matrimonio y a intercambiar lugares. Puede darle prioridad a ver a través de la perspectiva de su pareja. Si le dedica un momento a dejar de lado su propio plan cuando ve a su pareja al final del día, lo hará con facilidad. Piénselo. Mientras entra en su garaje, si se toma diez segundos para considerar qué estuvo haciendo su pareja y cómo se sentirá con ello, hará una conexión que no tiene que ver solo con usted. Compare esto con los resultados obtenidos si llega a casa con la mente ocupada en pensar que debe llamar a un amigo, recibir un e-mail o quizás sacarse los zapatos y disfrutar de algo fresco para tomar. Por supuesto, no hay nada de malo con esos pensamientos. Pero no ayudan a que se ocupe de otra cosa más que su propio plan.

¿Es lógico? Dar prioridad puede parecer tan insignificante, tan superficial, que tal vez no veamos su importancia. La mejor manera de darse cuenta de su poder es, por supuesto, probando. Prepare su mente antes de conectarse con su pareja. Tómese unos pocos segundo para considerar cómo es la experiencia de su pareja. Una de las maneras es preguntarse: ¿Cómo me sentiría yo y qué pensaría si estuviera en los zapatos de mi cónyuge?

Eso es todo lo que se necesita para prepararse. Y no crea que puede dar prioridad solo para la empatía en una reunión al final de su día. Puede hacerse esta pregunta en cualquier momento del día, aún estando juntos. Hágase la pregunta mientras están cenando, mirando televisión o preparándose para ir a la cama. La preparación funciona en cualquier momento y lugar. Pensar en una acción prepara a la mente para llevarla a cabo.

Secreto # 3

Ofrezca su presencia sin programarla

La mayoría de las parejas nunca entienden este invalorable secreto: Cuando uno se vacía de esa necesidad de cambiar a la otra persona, las cosas que lo irritan del otro tienen oportunidad de convertirse en cosas que lo hacen entrañable.

Dos semanas después de nuestra boda, estábamos en la pequeña cocina de casa, haciendo una ensalada juntos. Leslie, que es zurda, estaba cortando las zanahorias.

—¿Qué estás haciendo? —le pregunté.

—Mondando zanahorias —respondió suavemente.

—Te vas a matar sosteniendo el cuchillo de esa manera.

Entonces procedí a darle a Leslie una lección acerca de la manera en la que se debe sostener el cuchillo, según mi opinión. ¿Resultó? No por mucho tiempo. Cuando tuvo que cortar algo más, lo hizo a su manera.

> *El idioma de su cónyuge puede ser tan diferente como lo es el chino del español. Debemos tener la voluntad de aprender su idioma amoroso si queremos comunicar eficazmente nuestro amor.*
>
> **Gary Chapman**

—Leslie, ¿cuántas veces debo decirte esto? —le pregunté.

—Oh, me olvidé —respondió mientras volvía a mi método para mondar zanahorias.

¿Cuántas veces hemos tenido esa misma conversación en las últimas dos décadas de nuestro matrimonio? Incontables veces. ¿Y cómo cree usted que monda las zanahorias ahora? Correcto. Como lo hizo siempre.

Pero luego sucedió algo extraño. Hace unos años, miraba a Leslie pelar zanahorias mientras escuchaba los mensajes en nuestro teléfono de la cocina, y me di cuenta de algo. Me sentiría decepcionado si ella hubiera pelado las zanahorias de otra manera.

¿Puede creerlo? Después de todos estos años de intentar convertirla a mi manera de mondar zanahorias, me di cuenta de que me gustaba su forma de hacerlo. ¿Por qué? Porque es así como «Mi Leslie» pela las zanahorias. Estoy seguro de que eso puede parecer raro, pero en algún lugar en nuestra relación me despojé de mi necesidad de cambiar su modo de mondar zanahorias, ahora lo encuentro adorable.

Esa es la recompensa de estar presente sin ningún plan preestablecido. Vea que una presencia sin prever le permite al otro ser quien es, relajarse en nuestra presencia. Pero también nos permite respirar profundo y no preocuparnos tanto porque las cosas sean como queremos.

Una presencia sin programar comienza cuando usted se despoja de su necesidad compulsiva de cambiar el comportamiento, el pensamiento, las actitudes o emociones de su pareja. Surge cuando le ofrece atención completa junto con una presencia sostenida. ¿No le gustaría recibir esto de parte de su esposo o esposa en algunos momentos? Es un regalo que beneficia al remitente también. Pruébelo. Se sorprenderá por los beneficios que recibirá.

Secreto # 4

Cambie de «Ese» a «Tú»

Todos queremos tener un acercamiento emocional en nuestro matrimonio. Queremos experimentar una conexión fuerte, una unión profunda. Y sabemos que eso solo puede suceder si somos lo suficientemente sabios, en ocasiones, como para dar un paso al costado de nuestro plan y concentrarnos en el de nuestra pareja. Una de las mejores maneras de hacerlo es cambiar del «ese» al «tú».

El filósofo austríaco Martin Buber lo dijo en su libro *I and Thou* [Yo y tú]. Publicado por primera vez en 1923 y traducido a numerosos idiomas, el libro presenta el concepto de *diálogo*, en el que usted suspende opiniones y juicios preestablecidos, permitiendo que las opiniones y juicios de otros se puedan expresar por completo.[39]

En lo que él llamó la interacción «Yo-ese», uno está menospreciando a la otra persona, por lo que la situación no puede lograr una conexión emocional. En efecto, se siente mal porque estamos tratando a la otra persona como un objeto en lugar de cómo una persona. Los sicólogos contemporáneos utilizan el término «gestor» para identificar este nexo frío con los demás, viendo a las personas como un medio para lograr nuestras propias metas. Una persona es gestora cuando no le importan los sentimientos de otro, sino solamente lo que quiere obtener de la otra persona. Este comportamiento egocéntrico es el ejemplo más acabado de las personas que no pueden despegarse de su propio plan.

En contraste con esto, Buber describió a la interacción «Yo-tú» como una especie de «comunión» en la que los sentimientos de otras personas son algo valorado, buscado y entendido. En esta interacción, los sentimientos de las otras personas no

> *Escuchar eficazmente requiere más que oír las palabras transmitidas. Exige que se encuentre un sentido y comprensión en lo que se está diciendo. Después de todo, los significados no están en las palabras, sino en las personas.*
>
> **Herb Cohen**

solo importan, sino que nos hacen cambiar.

Una de nuestras amigas solteras tenía una prueba para las primeras citas. Contaba cuánto tiempo le tomaba a la otra persona hacer una pregunta que tuviera la palabra «tú». En otras palabras, estaba probando la capacidad de esa persona de entrar en su mundo. No nos sorprendió enterarnos de que se casó con un hombre que ni siquiera le dio tiempo de empezar a contar. Sabía cultivar una relación Yo-tú.

La relación Yo-tú, según el libro de Buber, «solo puede hablarse con el ser completo».[40] No se remite a lo que sale de los labios. Una cualidad que define al Yo-tú es «sentirse sentido». Es la sensación de tener a alguien dentro de sus sentimientos con usted. Es saber que ha salido de su plan para entrar en el de uno. La transacción Yo-tú es uno de los grandiosos secretos para forjar una conexión fuerte y una unión profunda.

Secreto # 5

Escuchar con el tercer oído

El secreto final que queremos darle aquí es quizás el más conocido. Si quiere salirse de su propio plan, debe escuchar pero de manera activa y decidida.

En la universidad donde damos clases, apareció un nuevo vicepresidente en nuestra reunión departamental. Seguramente se equivocó de lugar, pensamos, o quizás quiere venir para hacer un anuncio o para presentarse rápidamente e irse. No. Resultó ser que quería estar allí para escuchar. Su plan era ese. «Estoy utilizando mis primeras semanas en este trabajo para escuchar», nos dijo. Estuvo en casi todas las reuniones de los diferentes grupos en el campus en sus primeros dos meses y ni siquiera intentó dar un consejo. Fiel a su palabra, simplemente escuchó. ¿El resultado? Se volvió uno de los líderes universitarios más queridos en años.

> *El mayor error que puede cometer al tratar de hablar con convicción es ponerse como prioridad expresar sus ideas y sentimientos. Lo que las personas realmente quieren es ser escuchados, respetados y comprendidos.*
>
> **David Burns**

Escuchar, donde el que escucha verifica haber oído bien, es una de las maneras para construir un puente interpersonal. Y es una habilidad que damos por sentada en el matrimonio, mayormente porque confundimos escuchar con oír palabras. Pero como dice Peter Drucker: «Lo más importante en la comunicación es escuchar lo que no se dice».

Ese es el secreto de escuchar con el «tercer oído». El sicoanalista Theodor Reik utilizó esta frase para describir la acción de escuchar más que las palabras. Cuando usted escucha a su esposo o esposa, hay un río de emociones que fluye entre ustedes. Y cuando escucha con el tercer oído, no solo escucha lo que se está diciendo, sino que también se está hundiendo en ese río de emociones para reflejar y devolver los sentimientos que encuentra.

Tome en cuenta este ejemplo: Una esposa entra en la sala de estar y le dice a su esposo: «Me siento tan inepta como ama de casa cuando veo que este lugar es un desorden y sé que tu madre vendrá mañana».

Bastante directo, ¿verdad? Él escuchó las palabras. Bueno, ¿qué es lo que está diciendo realmente? Puede no ser lo que usted está pensando. Considere diferentes maneras en las que podría seguir este diálogo:

Esposo: Parece que piensas que esta casa es un desorden.
Esposa: Ah, no. Va a ser siempre así hasta que nuestros hijos crezcan.

o

Esposo: Pareces un poco deprimida; ¿estás bien?
Esposa: No estoy deprimida. Creo que mi preocupación es más porque mi jefe no me dio el día libre mañana.

o

Esposo: ¿Te estresa la visita de mi madre?
Esposa: En realidad, estoy aterrada por su visita. Espero tener fuerzas para pasar la aspiradora esta noche.

¿Ve como opera eso? Una simple pregunta para asegurarse que comprende lo que no se está diciendo ayuda mucho para dejar de lado su propio plan. Escuchar con el tercer oído impide que saquemos conclusiones. Cuando usted deja de lado su plan, escucha con completa recepción y profundiza un poco más en la conversación para asegurarse de que está comprendiendo.

Nunca podrá dar el primer paso a la empatía si no tiene esto

El poeta y escritor judío Noah ben Shea nos cuenta una parábola que nos sirve como valioso recordatorio para este primer acto de intercambio de lugares. Luego de una comida, algunos niños se dirigieron a su padre, Jacob, y le pidieron que les contara una historia.

—¿Una historia sobre qué? —preguntó Jacob.

—Sobre un gigante —pidieron los niños.

Jacob sonrió, se recostó sobre las tibias piedras junto al hogar, y su voz se enterneció mientras contaba.

—Había una vez un niño que le pidió a su padre que lo llevara a ver un desfile que estaba pasando por el pueblo. El padre, recordando el desfile de la época en que era niño, estuvo de acuerdo enseguida y a la mañana siguiente el niño y su padre salieron juntos. A medida que se acercaban a la ruta del desfile, la gente los empezó a empujar por todos lados y la multitud aumentaba cada vez más. Cuando las personas que estaban en el camino se transformaron casi en una pared, el padre levantó a su hijo y lo puso sobre sus hombros.

—¿Qué sucedió luego? —preguntó uno de los niños.

—Muy pronto el desfile comenzó y a medida que se desplazaba, el niño le contaba a su padre cuán maravilloso era y cuántos colores e imágenes veía. El niño, en efecto, creció tanto en su orgullo con lo que veía que se burlaba de aquellos

> *Todos hemos escuchado esa crítica que dice: «Habla demasiado». ¿Cuándo fue la última vez que escuchó a alguien criticar a otra persona por escuchar demasiado?*
>
> **Norm Augustine**

que veían menos, incluso de su padre: «Si solo pudieras ver lo que yo estoy viendo».

—Pero —dijo Jacob mientras miraba directo a las caras de sus hijos—, lo que el niño no veía era la razón por la cual él podía ver el desfile. Lo que el niño olvidaba era que en el pasado, su padre también podía verlo.

Así, a medida que terminaba la historia, Jacob dejó de hablar.

—¿Eso es todo? —dijo una niña decepcionada—. Creíamos que nos ibas a contar una historia acerca de un gigante.

—Y lo hice —dijo Jacob—. Les conté una historia acerca de un niño que pudo haber sido un gigante.

—¿Cómo? —preguntaron los niños.

—Un gigante —dijo Jacob— es cualquiera que recuerda que todos estamos sentados en los hombros de otra persona.

—¿Y qué somos si no lo recordamos? —preguntó el niño.

—Una carga —respondió Jacob.[41]

Este es el último secreto para el primer paso de intercambiar lugares: recordar que estamos sentados en los hombros de otra persona. En el momento en que empezamos a pensar que llegamos al lugar donde estamos por nuestra propia cuenta y esfuerzo, aplastamos la humildad. Y la arrogancia entra en escena. Sepa esto: la arrogancia siempre da lugar al engreimiento y la insensibilidad. Cualquier acto de amor de un corazón insensible se nota. Carece de autenticidad. Puede ser lo correcto, pero es hecho por la razón incorrecta.

El corazón compasivo y amable es el del marido o la esposa que puede tener éxito y poder, pero que también es humilde. La humildad es el último secreto para dejar de lado su propio plan. Ella abre la puerta y le da espacio a la empatía. Como dijo William Grunall: «La humildad es el velo necesario para todas las demás gracias».

Para reflexionar

1. *Para usted personalmente: ¿Qué es lo que más le aterra de dejar de lado su propio plan y por qué?*

2. *De los cinco «secretos» vistos en este capítulo, ¿cuál es el que encuentra más útil para ayudarle a salir de sí mismo y ver con mayor certeza a su cónyuge? ¿Por qué eligió este antes que los otros cuatro?*

3. *Este capítulo cierra con un énfasis en la humildad. ¿Está de acuerdo con que es algo esencial para tener una «presencia sin programar»? ¿Por qué?*

Ejercicio cuatro

Frene al ego antes de entrar

Intercambiar lugares comienza cuando usted deja de lado su plan antes de diagnosticar, influenciar o prescribir. ¿Por qué? Porque si no lo hace, puede terminar sacando conclusiones que no son para nada correctas. Lo que garantiza problemas. En este ejercicio aprenderá la manera fácil de ponerle freno a su ego antes de entrar y temporalmente dejar de lado lo que tenga planeado para poder comenzar eficazmente el proceso del intercambio. Una vez que domine esta habilidad, se sorprenderá al ver cómo su cónyuge hará lo mismo por usted.

CAPÍTULO 5

Te siento:
Encienda su radar emocional

En el corazón de la empatía hay un oído bien afinado.

Daniel Goleman

—Shhh.

—¿Qué sucede? —murmuré.

Les estaba sentado en el sillón de nuestra sala viendo la antigua película *Lo que el viento se llevó,* pero sin volumen y él absorto. Me le acerqué silenciosamente y le puse la mano en la frente.

—No estoy enfermo —dijo—. Siéntate y mira esto.

Permanecí en silencio por un momento y luego le pregunté:

—¿Sabes que no tiene volumen?

—Lo sé, pero mira sus caras.

En ese mismo instante miré alrededor para asegurarme de que no hubiera ninguna cámara oculta.

—¿Estás bien? —le pregunté.

—Sí —me contestó—, solo mira esto por un minuto y dime qué sientes.

—¿Qué *siento?*, eso te lo puedo decir en este mismo momento; siento que te estás volviendo loco.

Les presionó el botón de pausa y me explicó la causa de su extraño comportamiento.

—Sé que esto parece extraño —confesó—, pero estuve hablando con Jim en la universidad y me dijo que él utiliza este método con todos sus estudiantes nuevos de las clases de actuación para que puedan apreciar el poder de comunicar las emociones sin usar palabras.

—¿De veras? —dije con una intriga genuina—. Ponlo de vuelta que quiero ver.

Durante los siguientes minutos nos sentamos en silencio mientras Scarlett O´Hara hacía su mejor esfuerzo por darle celos a Ashley rodeándose de muchachos en un asado.

En ese momento, John, nuestro niño de nueve años, entró a la sala y vio a sus padres mirando una película en silencio, por lo que preguntó:

—¿Se dañó la televisión?

No. Simplemente, otro día en la casa de dos sicólogos. El simple ejercicio es en realidad bastante poderoso. Es un rápido estudio acerca de cuánto puede decirse sin utilizar palabras. Y es una lección para toda pareja que quiere dominar el segundo paso esencial para intercambiar lugares: encender su radar emocional.

Detecte la frecuencia de onda de su cónyuge

Los radares son esos sistemas utilizados para controlar el tráfico aéreo, monitorear patrones climáticos y controlar el límite de velocidad en nuestras autopistas. Puede ser que no entienda qué tienen que ver con esto de intercambiar lugares, pero considere lo que está sucediendo en un radar: un transmisor emite ondas de radio que se reflejan en el objetivo y son detectadas por un receptor. Eso es todo.

> *Quien no entienda su silencio quizá tampoco entenderá sus palabras.*
>
> **Elbert Hubbard**

Sin duda puede ver a qué queremos llegar con esto. Pero lo importante, para nuestros propósitos, es que una señal de radio, aunque sea muy débil, puede ser detectada por el radar. En efecto, eso es lo que mejor hacen los radares. Detectan señales que podrían perderse y las amplifican.

Y de eso se trata el radar emocional. Cuando usted aprenda a detectar señales que su pareja está transmitiendo, cuando logre sintonizarlas, estará poniendo en práctica el segundo paso del intercambio. Todo se reduce a poder detectar las emociones de su pareja.

Ahora, si está pensando que no es lo suficientemente bueno como para detectar las emociones de otras personas, relájese. Es probable que sea mejor de lo que cree. Pero aunque no lo fuera –y hay algunas personas que encuentran esto más difícil que otras– le daremos algunos recursos para mejorar drásticamente su capacidad para detectar las señales emocionales que su esposo o esposa esté transmitiendo. Y recuerde que si está leyendo esto con su cónyuge, ambos aprenderán a hacer lo mismo el uno para el otro.

Todos pueden mejorar su radar emocional

Ron había sido contratado por un instituto ambientalista dedicado a la preservación de una especie en peligro de extinción: la oveja de las rocosas que vive en las montañas al suroeste de Palm Springs, California. El desarrollo inmobiliario en las cercanías molestaba a las ovejas e interrumpía el amamantamiento de las crías, por lo cual el instituto quería hacer algo al respecto.

Cuando Ron visitó la institución, el director lo llevó afuera, le señaló unas colinas rocosas que se levantaban detrás de las oficinas, y le dijo suavemente: «Hay un montón de ellas hoy». Ron entrecerró los ojos para ver las colinas, intentando ocultar su asombro; no ante la belleza del animal, sino ante su incapacidad de ver siquiera uno. Obviamente acostumbrado a esa reacción, el director le dirigió la atención a un animal que estaba debajo de una roca triangular, y a otro en la punta de una colina a la izquierda, y luego otro y otro. De pronto, Ron empezó a ver docenas de ovejas.

La vista del director no era mejor que la de Ron. Pero había aprendido a ver a las ovejas. Sabía cómo contrastaba su forma con la figura de la colina. Podía detectar la pequeña diferencia entre su color y el de la roca. Lo que era virtualmente automático para él era extraño para Ron, hasta el momento en que aprendió a ver a las ovejas como las veía el director.

Casi de la misma manera, la persona que aprende a decodificar las emociones de su pareja en su radar ve mensajes y pistas que el ojo sin entrenar no logra ver.[42] Barre con su mirada la escena social para detectar los detalles importantes que guían sus acciones. No solo escucha las palabras que se están diciendo, sino que observa también los aspectos no verbales del otro. Presta atención al tono de voz, a las expresiones de la cara y al contacto visual.[43] Está sintonizando los sentimientos que no se dicen y es sensible a las señales del corazón de su esposo o esposa.

Los investigadores creen que cerca del noventa por ciento de la comunicación emocional es no verbal. Robert Rosenthal, sicólogo graduado en Harvard, desarrolló un sistema para evaluar la capacidad de leer las pistas emocionales: el Perfil de Sensibilidad No Verbal (PSNV).[44] Les les muestra a sus pacientes una película acerca de una joven expresando sentimientos como el enojo, los celos, el amor y la gratitud. El que ve la película no sabe que se han quitado algunas pistas no verbales. En algunos momentos, la cara era visible pero el cuerpo no, o los ojos de la mujer estaban escondidos, por lo cual quien mira la película debe juzgar los sentimientos utilizando pistas sutiles. Las personas con un puntaje PSNV mayor, aun cuando sus coeficientes de inteligencia eran normales, tendían a ser más exitosos en sus matrimonios, disfrutando de una más profunda conexión y una mayor alegría. Sumado a eso, todos pueden aprender a mejorar su puntuación PSNV. En otras palabras, todos —desde el novato hasta el experto— pueden mejorar para detectar las emociones de su cónyuge. Y casi todos tenemos predisposición para hacerlo.

> *Nuestro sistema nervioso está construido para que lo capte el sistema nervioso del otro, para poder sentir a los demás como si estuviéramos en su piel.*
>
> **Daniel Stern**

Usted ya tiene la instalación para su radar emocional

Los científicos las llaman «neuronas espejo». Se las descubrió al hacer un mapa de algunas áreas del cerebro con electrodos, tan finos que pueden implantarse en una célula cerebral. Y en 1992, por accidente, descubrieron que ciertas células se encendían durante algunos intercambios interpersonales en particular como cuando una persona reflejaba una acción observada en otra, haciendo la mímica o teniendo el impulso de hacerlo.[45] Esas neuronas espejo ofrecían un mecanismo cerebral que explica el viejo dicho: «Cuando sonríes, el mundo entero sonríe contigo».

Técnicamente, ese proceso de espejo descubierto recientemente se conoce como «sincronización social». Y su principal punto es comprobar que los humanos estamos equipados con un radar emocional. Estamos diseñados para recibir pistas sutiles de otros, especialmente en el matrimonio. Por ejemplo, si un científico monitoreara una neurona espejo en particular en su cerebro, mientras usted está a punto de recibir una inyección, esa neurona se encendería. No es nada sorprendente. Pero si a usted se le pidiera que se imagine que su cónyuge está por recibir esa inyección en su lugar, esa misma neurona espejo se encendería también.[46] ¿No es sorprendente? Se llama empatía primordial. En las profundidades de su cerebro, usted está equipado para ejercer la empatía con su pareja. Usted tiene un sistema de radar interno que le permite entrar en su mundo con mayor facilidad de la que cree.

Además, usted y su cónyuge no solo están equipados para practicar la empatía como individuos, sino que los circuitos de sus cerebros están diseñados para atraerse mutuamente cuando lo hacen. Giacomo Rizzolati, el neurólogo italiano que descubrió las neuronas espejo, explica que el disparador entre los circuitos paralelos en dos cerebros nos permite conseguir un sentimiento compartido acerca de lo que más importa en cualquier momento. En otras palabras, cuando intercambiamos lugares, vivimos la unión en sus niveles más profundos. Los neurólogos llaman a ese estado «resonancia de la empatía».[47] Es ese contentamiento profundo que proviene de una conexión de cerebro a cerebro y que da como resultado la vida en armonía.

Nuestra meta en este capítulo es ayudarle a encender esas neuronas espejo en su cerebro, activar su radar emocional y así comprender con exactitud lo que su pareja está sintiendo.

¿Por qué la empatía no sucede más a menudo?

Antes de ayudarle a ampliar su radar emocional, queremos contestarle una pregunta que quizás se esté formulando: Si tenemos el equipo para practicar la empatía, ¿por qué no sucede más a menudo?

En pocas palabras, la respuesta es «falta de atención». Sepa que nuestros cerebros pueden tener el circuito y la tendencia a intercambiar lugares, pero nuestras neuronas empáticas no se iluminarán si no le damos nuestra atención a otra persona. En otras palabras, debemos «sintonizarnos» con el otro para activar nuestros cerebros para la empatía. Usted puede tener una radio en su casa, pero nunca escuchará música con ella si no la sintoniza en la estación que está emitiendo la señal. Y si la prende y no escucha más que estática, enfocaría toda su atención en encontrar una estación que funcionara. Bueno, de la misma manera en que usted ajustaría el dial de su radio para afinar la sintonía con tal de recibir una señal, también tiene que ajustar su atención para concentrarse en su pareja. De otra manera la empatía no tiene oportunidades. Prestar atención nos permite encender nuestro radar emocional.

En otras palabras, su capacidad para intercambiar lugares alcanza su máximo nivel cuando se concentra en su cónyuge. No es muy sorprendente, ¿verdad? Pero piense qué significa todo esto. Significa estar alerta. Escuchar atentamente. Mantenerse atento y observar.

Casi siempre podemos dirigir o inhibir nuestra atención. En el ejemplo que ya vimos, en el caso de recibir una inyección del doctor, es casi seguro que usted le dará su atención a ello. El pánico, en efecto, es uno de los mayores atractivos para la atención. Usted no puede evitar enfocar la atención en él. Pero ... ¿ver a su esposa en la cocina lavando los platos? No tanto. Usted no está obligado a enfocarse en su experiencia en ese momento. Y, lamentablemente, en algunos matrimonios los cónyuges muy pocas veces se dedican atención entre sí. En el juego de la vida, sufren de lo que llamamos «trance matrimonial». Caen en un estado en que están absortos en sí mismos y en cierto momento se convierten en dos barcos que se cruzan por la noche, sin prestar atención a las emociones del otro, sin prestarse atención mutuamente. Es por eso que la empatía no ocurre más a menudo.

Por supuesto, no tiene por qué ser así.

Active su radar emocional

Usted ya sabe que las palabras comunican solo un poco de lo que su esposo o esposa en realidad siente, piensa o quiere decir. Es más, a veces las palabras no comunican nada. Las investigaciones demuestran que en la comunicación cara a cara con respecto a actitudes y sentimientos, un siete por ciento proviene de lo que las personas dicen, treinta y ocho por ciento de cómo lo dicen y cincuenta y cinco por ciento del lenguaje corporal.[48]

Las emociones de las personas rara vez se pronuncian con palabras. Con mucha mayor frecuencia se expresan de otras maneras: el tono de voz, los gestos, las expresiones faciales y otras. Una regla común utilizada en las investigaciones dedicadas a la comunicación es que el noventa por ciento o más de los mensajes emocionales son no verbales.

La pregunta es, ¿cómo puede uno sintonizar estos mensajes? ¿Cómo puede leer las emociones si no se dicen? Cuando esté sintonizado en su pareja con su atención, ¿cómo se activa el radar emocional?

Esto nos vuelve al secreto que revelamos en el primer capítulo de este libro. ¿Lo recuerda? Es el secreto que la mayoría de los matrimonios desconocen: la empatía necesita del amor a su cónyuge tanto con su cabeza como con su corazón, simultáneamente. La mayoría de las personas lo hacemos con una u otra bastante bien; o sentimos el dolor de nuestra pareja con nuestro corazón o tratamos de resolver su problema con nuestra cabeza. La empatía exige ambas cosas.

Con esto en mente, echemos un vistazo a lo que puede hacer usted en un nivel muy particular para activar su radar emocional. Primero, necesita ver nuevamente sus resultados en el inventario *online* de Intercambiar lugares (si no lo ha hecho todavía, lo puede hacer en www.RealRelationships.com). ¿Es usted comprensivo, personalista o analista? ¿O tiene una combinación de cada uno de ellos? Cualquiera sea su situación, concéntrese en las partes que le resulten más relevantes, entre las que presentamos a continuación.

Qué hacer si usted es comprensivo

Como ya sabe por el inventario de intercambiar lugares, sus características comprensivas apagan su inclinación analítica. En otras palabras, su corazón toma prioridad por encima de su cabeza. Esto significa que para activar su radar emocional su desafío será ganar una perspectiva más objetiva que la que normalmente utiliza al sintonizarse con su esposo o esposa.

Necesitará apartarse de sus propias emociones, que a menudo lo controlan, y presionar el botón de pausa. Necesitará preguntarse si está proyectando sus propias emociones en su pareja antes de comprenderlas con certeza.

> *Cuando entendemos el punto de vista de otra persona, cuando entendemos lo que esa persona está intentando hacer, nueve de cada diez estará intentando hacer lo correcto.*
>
> **Harry Truman**

Laura Hillenbrand, autora del famoso *Seabiscuit*, historia real escrita en 2001 acerca de un gran caballo de carreras, ha sufrido del síndrome de fatiga crónica por mucho tiempo. Es una condición debilitante que la ha dejado exhausta y necesitando cuidado constante durante meses. Mientras escribía *Seabiscuit*, recibía cuidado y atención de su fiel marido, Borden, que de alguna manera encontró la energía para ser su enfermero aun teniendo que ocuparse de su propio esfuerzo como estudiante. Él la ayudaba a comer y a beber. La ayudaba a caminar y a hacer todo tipo de cosas.

Una noche, estando en su habitación, Hillenbrand recuerda haber escuchado «un suave sonido». Bajando las escaleras vio a Borden «caminando por el salón y llorando». Quiso llamarlo pero se detuvo, al darse cuenta de que quería estar solo. A la mañana siguiente, Borden estaba allí para ayudarla como siempre, «alegre y listo».[49]

¿Qué fue lo que hizo que Laura Hillenbrand se detuviera? ¿Por qué razón no llamó a su esposo para consolarlo? Fue su radar emocional. Él no dijo ni una palabra. En efecto, no tenía idea de que su esposa estaba viéndolo. Pero allí estaba ella. Y su radar emocional le dijo que se detuviera y le diera un poco de espacio.

> *Un corazón comprensivo lo es todo y no hay manera de sobreestimarlo.*
>
> **Carl Gustav Jung**

Es una lección muy valiosa para todo comprensivo. ¿Por qué? Porque usted está muy inclinado a permitir que sus sentimientos lo guíen. Y si ve a su pareja llorando, por ejemplo, su impulso emocional es intervenir. Pero si usted se detiene, por un minuto, y utiliza su capacidad analítica para tomar en consideración a su pareja, preguntándose: *¿Qué es lo que necesita mi cónyuge en este momento?* afinará su sintonía en su radar emocional y será más eficaz en este segundo paso hacia su objetivo de ponerse en el lugar del otro.

Sabemos que esto puede no gustarle. Sabemos que como comprensivo, usted a menudo se siente ante un gran problema por la responsabilidad del bienestar de su pareja. Usted tiende más que otros, por ejemplo, a cavilar sobre los intercambios molestos con su pareja. Y a causa de eso paga un precio emocional. Su perspectiva emocional le hace concentrarse tanto en los altibajos de su relación (sin el deseado balance analítico), que es muy susceptible a montarse en la montaña rusa emocional de su matrimonio.[50]

No solo eso, sino que también es susceptible a lo que los investigadores llaman «cansancio empático» o «fatiga compasiva». A causa de sentir tan profundamente lo que percibe del dolor de su pareja, su propia ansiedad aumenta a tal punto que comienza a sentir necesidades que no existen siquiera.

Esto se parece a la historia de los dos scouts novatos cuyo hermano menor había caído en un lago. Corrieron a su casa llorando para encontrar a su madre. Uno de ellos, entre sollozos decía: «Tratamos de hacerle respiración artificial, pero constantemente se levantaba y se iba».

O considere a Rita, una hija única, que nació en una casa donde se sentía apreciada por sus padres, que dejaban de hacer lo que estuvieran haciendo para preocuparse por su bienestar. Estaban continuamente cuidando a Rita y cuidándose entre ellos. Entonces cuando Rita se casó con Vince, nacido en una familia de varios hermanos, cometió el error de declarar lo que muchos dicen en el matrimonio: «Lo que es bueno para ti es bueno para mí». Ella se preocupaba por él de la manera que quería que él lo hiciera con ella. Le compraba bocadillos, por ejemplo, sin importar si él tenía hambre o no. Ella pensaba que eso era un acto de bondad. Él lo veía como un desperdicio de comida. Ella le daba una camisa limpia cada mañana. Lo tomaba como consideración. Él se sentía asfixiado con ello. Era demasiado para Vince.

Tanto «cuidado» se hizo irritante para él. Rita no tenía idea de por qué su esposo se sulfuraba tan fácilmente. Pensaba que estaba ayudando cuando, en realidad, solo estaba empeorando las cosas. No es nada personal. Vince simplemente se siente asfixiado por tanto cuidado. ¿Cuál es el punto? Rita nunca tendrá éxito en amar a Vince hasta que se ponga en sus zapatos, no solo con su corazón sino también con su cabeza (lo mismo se cumple, por cierto, con Vince).

Sin la objetividad, sin una perspectiva analítica, sus emociones se apoderan de usted y, al poco tiempo, sentirá angustia o cansancio al enfrentar tanto sufrimiento.

De modo que, una vez más, su meta como comprensivo es apoyarse en sus capacidades analíticas presionando el botón de pausa emocional y revisando los sentimientos de su cónyuge antes de sacar conclusiones emocionales. En otras palabras, no permita que sus sentimientos nublen su objetividad.

Qué hacer si usted es personalista

Si los resultados de su inventario de intercambio de lugares indican que usted es personalista, sabrá que su tarea es cultivar un programa más enfocado en los demás. Debe tomar conciencia para alejarse un poco de sí mismo y prestar mayor atención a lo que sería un momento en particular para su cónyuge. Necesita hacer esto tanto con su cabeza como con su corazón. *Pensarlo* tanto como *sentirlo.*

Hay un cuento de origen chino acerca de una mujer cuyo único hijo había muerto. En su desconsuelo, fue a un sacerdote y le dijo: «¿Qué encantos mágicos tiene para devolverle la vida a mi hijo?» En lugar de mandarla de regreso a su casa o intentar razonar con ella, le dijo: «Encuéntrame una semilla de mostaza de una casa en la que no haya existido nunca la pena. La utilizaremos para quitar la pena de tu vida».

La mujer salió en busca de la mágica semilla de mostaza. Primero llegó a una espléndida mansión, golpeó la puerta, y dijo: «Estoy buscando una casa que no haya conocido la pena. ¿Estoy en el lugar correcto? Es muy importante para mí». Le dijeron: «En realidad, estás en el lugar equivocado», y comenzaron a describirle todas las tragedias que les habían sucedido. La mujer se dijo: «¿Quién más indicado que yo para ayudar a estas pobres personas si tuve una tragedia también?» Y se quedó para consolarlos. Luego continuó con su búsqueda. Pero en todos los lugares a los que iba, en palacios y ranchos, recibía relatos de tristeza e infortunios.

Con el tiempo, la mujer se ocupó tanto en ayudar a la gente que sufría, que se olvidó de que buscaba la semilla mágica de mostaza, sin darse cuenta de que en realidad había quitado la pena de su vida.

Esta es una gran lección para todo personalista: Nunca se alejará de las heridas de su vida hasta que se dé cuenta de que intercambiar lugares es su boleto de salida. Su enfoque en usted mismo, a pesar de ser comprensible, está saboteando lo que usted más desea: seguir adelante y vivir una vida amorosa y alegre.

Mire más allá de sus propias necesidades y vea las de su esposa o esposo y vea cómo la empatía puede echar raíces en su corazón. Sabemos que puede parecer simplista, pero es verdad. También sabemos que como personalista, tal vez tenga dolor emocional en su ser. Por tanto, como mencionamos en un capítulo anterior, no olvide ver el apéndice B. Contiene un plan práctico para ayudarle a continuar más allá de sus heridas y a encender su radar emocional.

Qué hacer si usted es analista

Pillsbury. Cheerios. Green Giant. Betty Crocker. Chex. ¿Qué tienen en común todas esas marcas? Todas pertenecen al mismo dueño, General Mills, una de las mayores empresas de productos. Y desde una perspectiva de ventas, una de las mayores marcas en la historia de esta compañía ha sido Hamburger Helper. Pero las ventas de esta conocida marca han disminuido durante casi una década. O deberíamos decir *habían* disminuido, ya no. Y General Mills le debe agradecer a Melissa Studzinski por ello.

Cuando Melissa se unió al equipo en el 2004, la ejecutiva anunció que la meta número uno de la compañía era hacer crecer a Hamburger Helper. Encargaron a Melissa, equipándola con tres enormes carpetas llenas de información y estadísticas acerca del producto. Las carpetas contenían cientos de páginas con información de ventas, volumen, reportes de las estrategias publicitarias, investigación del mercado y más. Melissa hizo su mejor esfuerzo por estudiar los contenidos de esas carpetas y

> *Una onza de emoción equivale a toneladas de datos.*
>
> **John Junor**

llenó su cabeza de tal información. Pero cuanto más estudiaba los hechos, más elusiva era su estrategia. Con el tiempo las llamó «carpetas de la muerte». ¿Por qué? Porque toda la información analítica la mantenía alejada de comprender a sus clientes, las personas a las que intentaba servir.

Entonces Melissa dejó de lado la información y trató con algo totalmente nuevo. Planeaba mandar a los miembros del equipo de Hamburger Helper, de marketing y publicidad, por ejemplo, a las casas de los clientes de Hamburger Helper. Así encontraron madres que estaban de acuerdo con permitirles entrar a extraños a sus casas y dejarles ver cómo cocinaban. El equipo visitó alrededor de tres docenas de casas. Y fue en ese momento que las ventas empezaron a aumentar.

«Yo había leído y podía recitar toda la información acerca de nuestros clientes», dice Melissa. «Conocía su demografía de memoria. Pero era una experiencia muy diferente a entrar en la casa de un cliente y experimentar un poco de su vida».[51]

Era el aspecto más emocional de la empatía el que logró que Melissa tuviera éxito. ¿Ha notado la frase que utilizó?: «Experimentar un poco de su vida». Esta es la clave para usted como analista. Como sabe por los resultados de su inventario de intercambio de lugares, sus tendencias analíticas anulan sus inclinaciones comprensivas. En otras palabras, su cabeza se coloca por encima de su corazón. Eso significa que para activar su radar emocional su desafío será lograr una perspectiva más comprensiva de la que suele utilizar al sintonizarse con su esposo o esposa. Por ejemplo, si le hace feliz solucionar su problema antes de tomarse el tiempo de comprenderlo por completo, debe presionar el botón de pausa en su perspicacia analítica y dar lugar a sus emociones —como también a las de su pareja— para conseguir una imagen completa.

Después de todo, usted tiende a ser racional más que emocional y centrado, sin querer hacerlo. Está bien. Pero cuando se trata de intercambiar lugares con su cónyuge, su forma analítica tiene límites. Necesita experimentar un poco de la vida de su pareja. Eso significa permitir que su corazón, no solo su cabeza, jueguen un rol.

Cómo hacer para leer a su pareja como si fuera un libro

> *Las personas no piden datos para decidirse por algo. Prefieren tener una buena emoción que satisfaga su alma, antes que una docena de datos.*
>
> **Robert Keith Leavitt**

«Yo no soy sicólogo», nos dijo un marido contrariado hace poco. «¿Cómo puedo comprender los sentimientos de mi esposa; ¡la mitad de las veces creo que ni *ella* sabe lo que está sintiendo!»

Por supuesto, ese sentimiento es de dos vías: «Nunca sé lo que mi esposo está pensando, mucho menos lo que está sintiendo», puede decir la esposa. «Oculta tanto sus emociones, que es necesario ser detective para saber qué está sintiendo».

La verdad es que no es necesario ser Columbo para descubrir las emociones de su pareja. Sea comprensivo, personalista o analista, las emociones de todo marido y mujer son más fáciles de detectar de lo que se imagina. Aun cuando las personas intentan ocultar sus sentimientos, sus verdaderas emociones salen a la luz. Las investigaciones lo comprueban.

> *Hay momentos en la vida en que el corazón está tan lleno de emoción que, si se le sacude o si en su profundidad cae una palabra descuidada —como una pequeña piedra que lo rebalse, de forma que su secreto se riegue en el suelo como agua—, no puede volver a unirse en un solo pedazo.*
>
> **Henry Wadsworth Longfellow**

Por tanto, para concluir este capítulo acerca del segundo paso importante para intercambiar lugares —encender su radar emocional— queremos dejarle con este alentador estudio.

Un estudio de parejas infelices grabado en cinta de video en la Universidad de Oregón exploró cómo se emiten las emociones aun cuando estén disfrazadas. Los científicos les dijeron a las estresadas parejas que su tarea era «engañar a las cámaras» y fingir que eran un matrimonio feliz. Les pedían a los cónyuges que hicieran ver que habían recibido una gran cantidad de dinero y que debían decidir cómo utilizarlo juntos y que todo eso debía parecer creíble.

Al mirar las transcripciones de las conversaciones de las parejas, era difícil notar que estaban exagerando en cuanto a su felicidad. Es más, la mayoría podía fingir bastante bien. Las palabras mostraban que eran amables, respetuosos y que estaban libres de conflictos. Pero al ver los videos y escucharlos hablar, se obtenía una impresión totalmente diferente. Sus expresiones faciales, lenguaje corporal y tonos de voz traicionaban su fingida actuación a cada momento.

Las oraciones como: «Lo que tú digas, querida» y «Es tu decisión» contenían sarcasmo y desprecio. «Sus interacciones eran como tamices, con fugas de hostilidad por todos lados», dijo uno de los investigadores. En efecto, ese es el verbo utilizado por los sicólogos para describir la manera involuntaria que tenemos para mostrar nuestras emociones: Nuestras emociones «se fugan» en el camino.[52]

¡Imagínese eso! Aun cuando una persona intente ocultar sus verdaderos sentimientos, se pueden detectar. Ahora, ¡piense en qué significa eso respecto de lo fácil que es acceder a los sentimientos de su cónyuge cuando son reales! Como si fuera poco, esto debería mostrarle lo visibles que están las emociones de su esposo o esposa cuando usted se toma un tiempo para prestarles atención, cuando enciende su radar emocional.

Y una vez que lo haga, una vez que deje de lado su propio plan (temporalmente), una vez que encienda su radar emocional, estará a solo un paso de garantizar los beneficios del intercambio.

Para reflexionar

1. *En general, ¿cuán importante es para usted poder leer las emociones de su cónyuge? Al mejorar en esta área, ¿cómo cree que mejorará su matrimonio? Sea específico.*

2. *¿Es usted comprensivo, personalista o analista? Y con su estilo interpersonal en mente, ¿qué práctica implementará para ser mejor al intercambiar lugares? ¿Cuándo lo hará?*

3. *Este capítulo concluye con una frase alentadora acerca de su radar emocional: Que leer las emociones de su pareja es más fácil de lo que usted cree. ¿Está de acuerdo? ¿Por qué? Si no lo está, ¿cree que su expectativa negativa está interfiriendo con su habilidad para leer a su pareja? ¿Cómo?*

Ejercicio cinco

Lea a su pareja como si fuera un libro

¿No sería maravilloso encontrar un libro en casa con el título «Los sentimientos de mi cónyuge en este momento»? Podría recurrir a él cuando quisiera para sintonizarse con sus emociones y saber qué está pasando exactamente. Bueno, no le podemos dar ese libro, pero en este ejercicio en particular le daremos algo que se le acerca mucho. Lo guiaremos a una comprensión más profunda de las emociones de su pareja para que pueda detectarlas con mayor rapidez y facilidad cuando quiera hacerlo.

CAPÍTULO 6

Actúo para ayudarte:
Demuestre su cociente de interés

La empatía sola importa muy poco si no actuamos.

James D. Parker

¿Sería diferente algo si usted pudiera regresar en el tiempo y observar el tipo de hogar del cual proviene su pareja? ¿Y si pudiera observar algunas de las experiencias más significativas para él o ella en su niñez? Esta habilidad de revivir algunas porciones de su vida, ¿marcaría alguna diferencia para usted? Seguro.

Justamente eso es lo que sucedió en la vida del ex jugador de los Vikingos de Minnesota, Doug Kingsriter. Él escribe acerca de un momento en el que él y su esposa Debbie se quedaron en casa de sus padres por tres días debido a una tormenta de hielo. Con tanto tiempo disponible, Doug terminó mirando todos los videos caseros de Debbie que su familia había hecho con el paso de los años. Miró cómo su familia celebraba su cumpleaños y cómo trabajó para que fuera Miss América Adolescente. Vio cómo sus padres interactuaban, el modelo de matrimonio que le inculcaron a Debbie.

«Literalmente, la vi crecer», dijo Doug. «Para el tercer día, me di cuenta de que la niña de los videos era la misma persona con la que yo me había casado... Me permitió ver de verdad a Debbie por primera vez».

Doug llamó a esa experiencia de ingresar a su mundo el «despertar» de su matrimonio. «Desde entonces, escuché con mayor atención a Debbie... la traté con mayor respeto».[53]

La empatía logra eso. Nos cambia. Nos despierta y nos lleva a actuar de una manera diferente. Y actuar es el tercer paso para intercambiar lugares. Una vez que usted deja de lado su plan (temporalmente), y habiendo encendido su radar emocional, estará listo para actuar. Listo para mostrar un nuevo nivel de comprensión con su pareja.

Aquí tenemos la secuencia, una vez más, en pocas palabras:

> Te noto,
> Te siento, y por ello
> Actúo para ayudarte.

En el «acto de ayudar» surgen los beneficios del intercambio. Los primeros dos pasos son medios para llevarlo a usted y a su pareja a un nuevo lugar donde los actos de amabilidad, consideración y benevolencia envuelven a su relación.[54] Como decimos a menudo en nuestros seminarios de intercambio, sentirnos *con* alguien nos lleva a actuar *para* esa persona.

La primera señal de empatía completa

Un día un alumno le preguntó a la famosa antropóloga Margaret Mead cuál era la primera señal de civilización en una cultura. Esperaba que la respuesta fuera un tarro de cal o un anzuelo para pescar o quizás una piedra empleada como utensilio. Su respuesta fue «un fémur curado». Mead explicó que no había fémures curados en donde la ley de la jungla reina,

> Después del verbo «amar», «ayudar» es el más hermoso del mundo.
>
> **Bertha von Suttner**

donde el más fuerte sobrevive. Un fémur curado muestra que alguien se preocupa. Alguien tuvo que hacer algo por esa persona herida, cazando por ella hasta que sanara. La evidencia de la compasión, dijo Mead, es la primera señal de la civilización.[55]

Y es también la primera señal de que una parte del matrimonio está mostrando una empatía completa. Ningún acto de empatía genuina carece de preocupación, afecto y cuidado. Sin eso «la empatía» se vuelve una herramienta cruel, de manipulación y egocentrismo. Hasta un sicópata puede dejar de lado su propio plan (temporalmente) y dejar que su víctima se sincere. Incluso puede encender su radar emocional para comprender mejor a su víctima. Pero es allí donde el proceso termina. No se preocupa ni tiene cuidado alguno por su víctima. Simplemente está reuniendo información sobre la persona para aprovecharse de ello.

La empatía genuina, por supuesto, utiliza los primeros dos pasos para un propósito diferente: mostrar cuidado y preocupación, para curar un fémur herido, por ejemplo.

Es por eso que le dedicamos este capítulo a ayudarle a poner su empatía en acción. Después de todo, ¿de qué sirve que su pareja sepa qué es lo que le está sucediendo a usted si no hace nada al respecto? ¿Y de qué serviría si usted hiciera lo mismo con su esposo o esposa? Por esa razón el cuidado y el afecto están irremediablemente conectados a la empatía genuina, obligan a actuar.

> Un matrimonio feliz = Un cociente de afecto positivo

> *El amor es, por sobre todas las cosas, regalarse uno mismo.*
>
> **Jean Anouilh**

Tina pensó por un momento, se encogió de hombros y luego confesó: «Creo que dejó de importarme».

Así como otras parejas que se han sentado en nuestra oficina antes de dirigirse a un abogado especializado en divorcios, Tina había cruzado una línea que a menudo es letal. Una vez que la persona llega al punto de que ya no le importa, la relación corre riesgo y su supervivencia también.

Cuando se quita el interés, el afecto y el cuidado de cualquier relación, esta termina. No hay nada más que discutir. Es como sacarle la sangre a un cuerpo. El matrimonio, sea de la manera que sea, no puede sobrevivir sin cuidado y afecto.

El afecto, el interés y el cuidado son tan necesarios, tan esenciales para el matrimonio, que a menudo pasan inadvertidos. Pregunte a diferentes personas qué es lo que más importa en su matrimonio y no van a estar en la lista. Pero cuando usted pone esta cualidad en una lista de características y les pide a las mismas personas que les den un grado de importancia en el matrimonio, verá cómo aumenta rápidamente. ¿Por qué? Porque sin el interés y el afecto, el matrimonio es imposible. Hay tres palabritas: «No me importa», que son como una bala mortífera en el corazón del matrimonio.

Frank Reed puede entender el valor del cuidado tan bien como cualquiera de nosotros. Desde 1986 hasta 1990, fue retenido como rehén en una prisión del Líbano. Estuvo con los ojos vendados durante meses, viviendo en completa oscuridad. Encadenado a una pared y obligado a estar en completo silencio. En una ocasión lo trasladaron a otra celda y, aunque estaba vendado, podía sentir a otras personas en ella. Solo unas semanas después comprendió que estaba encadenado al lado de sus compañeros estadounidenses Terry Anderson y Tom Sutherland, también rehenes.

En sus años de prisionero, Reed fue humillado, torturado y atormentado. Pero ninguna de esas condiciones horrorosas fue la más aterradora para Reed como rehén. Fue la falta de preocupación por parte de sus captores. Era no saber si a alguien le importaba su situación. En una entrevista con la revista *Time*, Reed dijo: «Nada de lo que yo hiciera le importaba a nadie. Comencé a darme cuenta de cuán fulminante es existir sin una simple expresión de preocupación a mi alrededor... Aprendí un hecho muy importante: el interés por otro es una fuerza muy poderosa. Si a nadie le importas, estás verdaderamente solo».[56]

La esencia de su cociente de interés

Parece raro que pasemos por alto esta fuerza tan vital, bueno, con tanto descuido. «Cuídate», le decimos al encargado del mercado que pone nuestras compras en una bolsa. «Cuídate», le decimos a un casi extraño cuando terminamos una llamada telefónica. Pero, ¿cuándo fue la última vez que se tomó el tiempo de considerar lo que «cuidarse» significa realmente?

La palabra «cuidado» viene del germánico *kar*, que originalmente significaba «triste». Esto hace alusión a la idea de que una persona que se preocupa está triste cuando usted está triste. En otras palabras, el cuidado es un tipo de compasión que permite a otra persona entrar a su mundo y sentir su dolor. El cuidado del otro, el interés por el otro, está irremediablemente conectado con el intercambio de lugares. Significa que todo lo que le suceda a usted me sucede a mí también y cuando la tristeza lo abruma, a mí también. Por supuesto, el interés por el otro también significa que cuando algo bueno le sucede a usted, me alegro. Su vida marca una gran diferencia en la mía. Esa es la esencia de su cociente de cuidado e interés por el otro.

> *Bienaventurados los misericordiosos, porque ellos alcanzarán misericordia.*
>
> **Mateo 5:7**

Cuando realmente nos importa la persona con quien nos casamos —en un nivel profundo y significativo— nos involucramos tanto con la cabeza como con el corazón. Pensamos los pensamientos de nuestra pareja y sentimos las emociones de nuestra esposa o esposo. Cuando nos importa el otro, escuchamos y buscamos maneras en las que podamos ayudar. Notamos y atendemos al mundo de nuestra pareja como si fuera el nuestro. Eso es lo que Aristóteles quiso decir cuando expresó: «Un alma conviviendo en dos cuerpos».

Usted no necesita ser rehén para apreciar la poderosa fuerza del cuidado y el interés por el otro. Todos nos interesamos por alguien, instintivamente en alguna ocasión.[57] Así como con un vaso costoso de cristal, tenemos cuidado con las cosas que valoramos. Y si su cónyuge ha tenido que lidiar con un accidente serio, o una enfermedad mortal, usted no necesitó un libro para saber cómo cuidarle, cómo ocuparse. El marcador de su cociente de interés llega al nivel máximo en ese momento. Pero el vaivén normal de la vida, cuando tendemos a darnos por sentado, no logra que su cociente avance mucho, a menos que intercambiemos lugares.

Cómo mejorar su cociente de interés

En el primer capítulo de este libro dijimos que cuando un matrimonio se niega a intercambiar lugares, cuando dejan

> *El amor no es un simple acto, sino un clima en el cual vivimos, una aventura que dura toda la vida en la que aprendemos constantemente, descubriendo, creciendo.*
>
> **Ardis Whitman**

de lado la empatía, pierden el rumbo. Literalmente, se vuelven ignorantes uno del otro. Sin embargo, también dijimos que esas parejas que carecen de empatía no carecen necesariamente de amor. Es decir, que aún quieren y buscan una mejor manera de vivir y amarse mutuamente. Simplemente están abrumados por los sentimientos, pensamientos y comportamientos de su pareja. No saben hacia dónde ir.

Pero con un poco de esfuerzo, aun las parejas más perdidas en el planeta pueden volverse grandiosamente más inteligentes cuando ponen en práctica los tres pasos esenciales para intercambiar lugares, especialmente cuando llegan a este tercer paso. ¿Por qué? Porque su «cociente de afecto e interés», a diferencia de su CI, puede mejorar dramáticamente con voluntad. Usted puede aumentar su cociente de afecto, cuidado e interés por el otro *haciendo* lo que su comprensión de la empatía le guíe a hacer.

Ahora mismo le podríamos dar una larga lista de comportamientos que resultan del intercambio de lugares y que demuestran interés, afecto y cuidado. Le podríamos decir que se tome un tiempo para lograr la ternura o para poner las necesidades de su pareja en primer lugar, antes que las propias. Pero eso sería muy pedante. Además, no podemos decirle qué acciones serían las que su pareja desee. Solo sus esfuerzos por establecer la empatía pueden revelárselo. Por tanto, en lugar de prescribirle comportamientos para que los cumpla o imite, le daremos un poco de inspiración acompañada de un desafío.

La inspiración estará en un par de historias. El desafío vendrá del corazón.

Comenzaremos con la primera historia relatada por Jennifer Rothschild, autora de *Lessons I learned in the dark* [Lecciones que aprendí en la oscuridad]. A los quince años, a Susan se le diagnosticó una enfermedad rara, que degeneraba sus ojos y que la dejaría ciega. Rothschild cuenta esta historia:

Un saludo y un beso

Era un bus con mucha gente, y todos los pasajeros miraban con dolor mientras Susan pasaba por el pasillo. Iba golpeando con su bastón, hasta encontrar un asiento en el que se sentó, mientras los espectadores la miraban con curiosidad y preocupación. Ya había pasado un año desde que Susan perdiera la vista.

Cuando quedó ciega, se sumió en un gran pozo de depresión. Su mundo se había caído, su tristeza la abrumó. No solo su corazón se había partido, sino también el de su esposo, Mark. Él amaba tanto a su esposa que quería ayudarla y así lo hizo. Centímetro a centímetro, la ayudó a salir de ese pozo depresivo, dándole capacidad y confianza, y la ayudó a recuperar el sentido de su propio ser. Y ese esposo, tan enamorado de su esposa, hizo todo lo posible para ayudarla en su nuevo estado de oscuridad.

> *Las palabras pueden a veces, en momentos de gracia, lograr la calidad de una hazaña.*
>
> **Eli Wiesel**

En fin, luego de muchos meses de ceguera Susan comenzó a sentirse más confiada gracias a la ayuda de Mark, y sintió que podía volver a su trabajo. Mark le prometió que la ayudaría con

> *La felicidad suprema en la vida es la convicción de ser amados; por lo que somos o a pesar de ello.*
>
> **Víctor Hugo.**

eso también, por supuesto. Todos los días, Mark llevaba a su esposa al trabajo, la acompañaba a su oficina, se aseguraba de que estuviera bien, y se iba a su base que estaba al otro lado del pueblo, porque Mark era militar. Luego, volvía y la recogía por la tarde. Eso pasó durante varias semanas. Y cada día, a pesar de que Mark quería ayudar a su esposa, la carga se volvía cada vez más pesada porque le era logísticamente imposible llegar a tiempo a su base.

Odiaba tener que decirle a Susan que no iba a poder llevarla al trabajo. Pero al fin y al cabo, tuvo que hacerlo. «No puedo tomar el bus hasta el trabajo», le contestó. «Estoy ciega. ¿Cómo voy a saber cuántos escalones hay? ¿Cómo voy a saber qué camino tomar? Siento que me estás abandonando».

Mark sintió que el corazón se le partía y le prometió, como lo había hecho al principio, que haría todo lo posible para ayudarla hasta que se sintiera confiada e independiente en el bus. La ayudó con las rutas. La ayudó a aprenderse la cantidad de escalones y los caminos. Y finalmente, luego de varias semanas de hacer eso, Susan ganó confianza. Él se fue a su base; ella a su trabajo.

El lunes en la mañana, subió al bus. Fue al trabajo, volvió a su casa; todo era impecable. Luego llegó el viernes por la mañana. Susan fue hacia el bus y cuando iba a pagar el boleto, el conductor le dijo:

—Señora, usted sí que tiene suerte.

—¿Me está hablando a mí? —le respondió Susan.

A lo que el conductor le contestó:

—Sí. Debe ser muy lindo sentirse tan cuidado como usted.

—No sé de qué está hablando, señor —replicó Susan.

El hombre le dijo:

—Bueno, usted sabe, todas las mañanas cuando la dejo en su parada, apenas abren las puertas, puedo ver que hay un hombre parado en la esquina. Y la mira a usted. Cuando usted sale del bus, sus ojos están en usted. Creo que es algún tipo de oficial militar porque usa un uniforme. Y sus ojos la siguen mientras usted camina a través del estacionamiento. No la dejan mientras sube las escaleras. Y cuando su mano toca el picaporte de la puerta, sus ojos siguen en usted. Hasta el momento en que abre la puerta y entra, ese hombre no le quita la vista de encima. Y una vez que la puerta se cierra, él se para derecho, como lo haría un centinela, la saluda, y luego le tira un beso.

> *En cierto sentido la persona más benevolente y generosa en el mundo busca su propia felicidad haciendo el bien a los demás, porque esta se encuentra en el bien de los demás. Su mente es tan grande que toma a los otros dentro de sí.*
>
> **Jonathan Edwards**

Susan comenzó a llorar. No tenía idea de que su esposo la estaba mirando.[58]

¿Cómo calificaría al cociente de cuidado, interés y afecto de ese esposo? ¿Y cuántos kilómetros cree usted que caminó en los zapatos de Susan? Lo diremos una vez más: El cuidado, el afecto por el otro, está irremediablemente relacionado con el intercambio de lugares. Cuanto más se utiliza la empatía, más le importará la otra persona.

Ahora, la segunda historia es una leyenda, en realidad, transmitida por las tradiciones judías.

Un lugar de amor

> *Nos ganamos la vida con lo que obtenemos. Pero vivimos la vida de verdad por lo que damos.*
>
> **Winston Churchill**

La historia trata acerca de dos hermanos que compartían un campo y un molino, dividiéndose todas las noches los granos que habían cultivado juntos durante el día. Un hermano vivía solo; el otro estaba casado y tenía una gran familia.

Un día el que vivía solo pensó: *No es justo que nos dividamos los granos en partes iguales. Yo vivo solo y solo necesito cuidarme a mí mismo, pero mi hermano tiene hijos que alimentar.* Entonces todas las noches tomaba en secreto parte de sus granos y los depositaba en el granero de su hermano.

Pero el casado consideró la situación de su hermano, y se dijo a sí mismo: *No es justo que nos dividamos los granos en partes iguales, porque yo tengo hijos que me proveerán alimentos cuando sea viejo, pero mi hermano no tiene a nadie. ¿Qué hará cuando sea viejo?* Entonces todas las noches tomaba en secreto parte de sus granos y los depositaba en el granero de su hermano. Como resultado, ambos hermanos encontraban que sus granos estaban nuevamente en su granero cada mañana.

Una noche se encontraron a mitad del camino entre las dos casas. Repentinamente se dieron cuenta de lo que uno estaba haciendo por el otro, y se abrazaron con amor. La leyenda cuenta que Dios vio ese encuentro y proclamó: «Este es un lugar santo —un lugar de amor— y aquí es donde mi templo debe construirse».[59]

Apócrifa o no, esta historia ilustra el punto en el cual la acción de cuidar al otro surge de la comprensión, utilizando la empatía. Y cuando el intercambio de lugares es mutuo, como lo fue para esos dos hermanos, la vida es mejor.

Ahora, vamos con el desafío.

El desafío del cociente de cuidado

Siempre que enseñamos consejería en la universidad, utilizamos una metáfora sencilla para mostrar la diferencia entre simpatía y empatía. Es una diferencia relevante porque los consejeros profesionales no podrían sobrevivir con la mera simpatía. Si no utilizan la empatía mientras trabajan con sus pacientes, sus carreras durarán poco.

> *Es grandioso ser amado, pero más todavía es amar.*
>
> **Víctor Hugo**

Les contamos a nuestros alumnos que la simpatía consiste en pararse en la orilla y arrojar un salvavidas a una persona que está luchando en el agua. Todo ser humano decente haría eso. Eso fluye con nuestra adrenalina.

La empatía es mucho más riesgosa. Es meterse en el agua y forcejear con las frías olas que someten a la persona para llevarla a la orilla. No todo el mundo hace eso. Es más, es tan raro que a las personas que lo hacen las llamamos «héroes». Ponemos sus fotos en el diario y algunas veces hasta tienen su propio desfile.

Bueno, puede ser igual de heroico hacer eso en el matrimonio. ¿Por qué? Porque la empatía *es* riesgosa. Será un reto para usted. Una vez que se sumerja en la situación de su pareja (con su cabeza y su corazón), no verá a su esposo o esposa de la misma manera. Tendrá una nueva perspectiva que lo hace más paciente, con mayor gracia y cuidado e interés por el otro.

Así que este es nuestro reto para usted al concluir este capítulo: Corra el riesgo. Le retamos a correr el riesgo de ponerse en los zapatos de su pareja: (1) dejando de lado su propio plan (temporalmente); (2) encendiendo su radar emocional; y (3) mostrando preocupación y cuidado.

La empatía no es para los cobardes. Es algo riesgoso. Pero el riesgo siempre vale la pena.

Para reflexionar

1. *¿Está de acuerdo con que intercambiar lugares significa poco si usted no cambia su comportamiento y actúa con cuidado y amabilidad? ¿Cuándo fue la última vez que su empatía le obligó a hacer algo especial, preocupándose por su cónyuge? ¿Qué fue eso?*

2. *¿Qué cosa específica puede hacer en las próximas cuarenta y ocho horas por su cónyuge, que aumente su cociente de interés? ¿Qué cosa, si la hay, puede impedirle hacerlo?*

3. *¿Cómo se siente respecto del «Desafío del cociente de cuidado»? ¿Está dispuesto a hacerlo? ¿Por qué? ¿Cuál es el problema en el que no le gustaría ponerse en los zapatos de su pareja? En términos específicos, ¿en qué teme que esto pueda hacer que haya un cambio en usted?*

Ejercicio seis

Mejore su cociente de cuidado

Como dijimos, usted no puede hacer mucho para mejorar su cociente intelectual, que por lo general se mantiene constante. Sin embargo, puede hacer mucho para mejorar lo que llamamos su «cociente de interés». Este ejercicio le dará una autoevaluación para ayudarle a saber en qué punto está con respecto a esa importante acción, y también le mostrará cómo dirigir la atención hacia una cosa específica que puede hacer ahora mismo para mejorar su habilidad para lograr este tercer y final paso de intercambiar lugares

TERCERA PARTE

DOS GRANDES MANERAS PARA INTERCAMBIAR LUGARES MÁS RÁPIDO

A menudo soñamos con la habilidad de ver «barras señalizadoras» sobre las cabezas de los demás, como aquellas que hay en los comerciales de teléfonos celulares que muestran las barras subiendo y bajando para notar la recepción de la señal del celular. Pero en vez de la recepción de la señal del celular, estas barras nos mostrarían cuánto nos comprende nuestra pareja cuando hablamos, sentimos o pensamos. En otras palabras, nos mostrarían qué tan buenos somos intercambiando lugares.

¿No sería más fácil el matrimonio? Imagínese cuánto más rápido podríamos aprender a intercambiar lugares si supiéramos si nuestro mensaje está siendo comprendido o no.

Bueno, en un sentido bastante real, la sección final de este libro hará precisamente eso. Por supuesto, no le podemos dar una «barra señalizadora» tangible, pero podemos guiarle a dos medios específicos para asegurar una fuerza mayor de señal en sus esfuerzos mutuos por ponerse en los zapatos del otro.

El primero tiene que ver con un programa innovador que está revolucionando la vida de casados de las parejas que lo conocen. Hemos trabajado durante años con un equipo de profesionales en distintas disciplinas para desarrollar este programa, y estamos muy ansiosos de contarle al respecto. En efecto, sabemos que no hay otro programa que haga más por usted —en menor tiempo— cuando de intercambiar lugares se trata.

El segundo capítulo en esta parte final del libro le mostrará cómo ayudar a su pareja a ver con sus ojos y escuchar con sus oídos. En otras palabras, este capítulo final le dará maneras útiles para que su cónyuge se ponga en sus zapatos. Y cuando ambos aprovechen estas estrategias, verán que la empatía mutua echa raíces en su matrimonio.

Con estas «dos grandes maneras para intercambiar lugares más rápido», no tendrá que luchar contra una débil señal de empatía. Sabrá que está recibiendo la mejor señal.

CAPÍTULO 7

Aproveche el programa matrimonial eHarmony

La empatía mutua es la mejor manera que conozco para forjar un matrimonio feliz y satisfactorio.

Neil Clark Warren

Hace poco estábamos hablando en un seminario conyugal en Wichita, Kansas. Llegamos entrada la tarde a nuestro hotel, pero la atmósfera en la recepción era eléctrica. Había mucha gente que parecía muy ansiosa.

Mientras nos abríamos paso entre la multitud hacia el escritorio para registrarnos, le preguntamos al conserje acerca de la actividad. «Tenemos unos huéspedes muy especiales con nosotros esta noche», dijo con calma. Esperamos a que nos revelara el secreto, pero fue bastante obvio que no lo haría. Llave en mano, una vez más intentamos pasar a través de la multitud y nos dimos cuenta de que muchos de ellos estaban

> *Cuando dos personas aprenden a comprender realmente cómo se siente la otra a un nivel profundo y auténtico, es que han tomado el camino hacia un matrimonio brillante y estable.*
>
> **Neil Clark Warren**

usando camisetas con el inconfundible logo de los Rolling Stones. En ese mismo momento, el propio rockero Mick Jagger, salió de una limusina y pasó junto a nosotros mientras le guiaban a un elevador privado.

Subimos a nuestro piso en un elevador no tan privado y oímos que otros huéspedes del hotel jugaban a mencionar canciones de los Rolling Stones. «Satisfaction» seguida por «No siempre puedes conseguir lo que deseas», «Start me up», y así seguían. Fue entonces que uno dijo: «Rescate emocional».

«Cántala», le dijo otro. «Estaré... firme y en verdad, iré a rescatarte emocionalmente», cantó.

Entonces las puertas del elevador se abrieron en nuestro piso.

—No conozco la canción —dijo Leslie—, pero conozco el sentimiento.

—¿Qué sentimiento?

—Querer que vengas y me rescates emocionalmente.

¿Y quién no lo conoce? Después de todo, no es solo la atracción lo que mantiene juntas a dos personas. Es el cuidado que se tienen entre sí. En efecto, la verdadera señal del intercambio es la habilidad de ir a «rescatar emocionalmente» a su pareja. ¿No les encantaría tener la habilidad de hacer eso uno por el otro, siempre? ¿No le gustaría que su pareja esté lista siempre que usted necesite un poco de atención emocional? Bueno, en este capítulo le mostraremos un recurso *en línea* diseñada para ayudarle a hacerlo. Es nuevo e innovador. Usted jamás ha experimentado nada parecido y seguramente le ayudará a intercambiar lugares con mayor facilidad, rapidez y mayor frecuencia en su matrimonio.

La herramienta se llama eHarmony Matrimonio. Sabemos que conoce eHarmony como un servicio que ayuda a los solteros y solteras a encontrar con quién casarse. Fue fundado por el doctor Neil Clark Warren para ayudar a quienes no estaban casados a conseguir una persona con la cual establecer un matrimonio duradero. Lo que tal vez no sepa es que eHarmony abrió hace poco una sección especialmente para parejas que están casadas, y queremos utilizar un breve capítulo para hablarle al respecto. ¿Por qué? Porque es una de las mejores herramientas que conocemos para ayudar a las parejas a intercambiar lugares con mayor rapidez.

> *Cuando usted se pone en los zapatos de su cónyuge le está dando un valioso regalo a su matrimonio.*
>
> **Neil Clark Warren**

¿Por qué eHarmony?

¿Por qué una compañía dirigida a quienes no están casados se aventura a lo desconocido, inventando una herramienta *online* para parejas casadas? Porque su fundador, el doctor Neil Clark Warren, siente pasión por ayudar a las parejas de todo el mundo a establecer matrimonios fuertes y duraderos. Es más, fue su pasión por eso lo que nos hizo trabajar juntos.

Tiempo antes de que eHarmony fuera un proyecto siquiera, Warren escribió un libro llamado *Finding the love of your life* [Encuentre al amor de su vida]. Salió casi al mismo tiempo que nuestra obra *Asegure el éxito en su pareja.* Debido al mensaje y la pasión que compartimos por ayudar a las parejas, nos encontramos hablando con Neil en varias conferencias alrededor del país, y en el proceso nos hicimos muy buenos amigos. Neil y yo (Les) terminamos escribiendo un libro juntos.

De modo que cuando Neil comenzó con eHarmony, su intención no estaba enfocada en el negocio de un emprendimiento comercial. No lo hizo por el negocio en sí. Quería crear lo que llamaba «la revolución social más grandiosa que veremos en nuestras vidas». ¿Qué es eso? Es la reducción del índice de divorcios que se ha salido de control, lo cual impactaría positivamente no solo a miles de parejas, sino también a millones de niños. Eso es lo que lo llevó a establecer eHarmony. Reunir personas solteras de manera saludable a través de diferentes dimensiones era solo el comienzo. Su siguiente paso era construir una herramienta para parejas *online*, profundamente personal, completamente privada e inmensamente práctica.

Con esta meta, Neil nos invitó a ayudarlo a crear con él esta herramienta, y estamos ansiosos de contarle cómo puede utilizarla para su beneficio mientras intenta hacer del intercambio de lugares una práctica común en su matrimonio. Es más, estamos felices compartiendo un servicio tan especial para usted como lector de esta obra.

El programa matrimonial de eHarmony

El programa matrimonial de eHarmony es un método innovador para comprender y fortalecer su matrimonio. Comienza con un simple cuestionario que abre las puertas a ciertas herramientas que usted puede utilizar. Aquí hay una primera impresión del programa.

El cuestionario

El Perfil Matrimonial de eHarmony (PME) les brinda a las parejas casadas un método único para tener una mirada más profunda de su matrimonio. La clave para la efectividad del PME se encuentra en el criterio científico y riguroso de su desarrollo.

Todos hemos visto pruebas que dicen medir algún aspecto de las relaciones o personalidades y hemos quedado decepcionados por lo superficial de los resultados. Sin embargo, el PME es diferente porque fue desarrollado por un equipo de sicólogos, todos calificados en la ciencia de medir el comportamiento humano.[60]

El plan de acción marital (PAM)

Una vez que complete el cuestionario, recibirá instantáneamente un resumen de sus fortalezas como pareja. También notará las tres o cuatro áreas en las cuales encontrará la mayor recompensa por su trabajo. En otras palabras, le ayudará a dirigir su atención a los lugares específicos en los cuales puede lograr un mayor beneficio de un esfuerzo intencional. Literalmente, le da un plan o un «mapa» a seguir. Lo ayuda con una brújula marital.

> *Todo matrimonio disfruta una mejora radical cuando ambas partes se comprometen a caminar en los zapatos del otro.*
>
> **Neil Clark Warren**

El asistente

Además del PAM, recibirá un reporte altamente individualizado acerca de las diez categorías fundamentales para la satisfacción matrimonial. En otras palabras, recibirá un reporte sobre cómo se relacionan esas áreas con su matrimonio.

Videos de ejercicios interactivos en línea

Una de las funciones exclusivas del programa de matrimonios de eHarmony es una serie de videos de ejercicios útiles y entretenidos. Cada una de esas sesiones en línea dura aproximadamente veinte minutos y están diseñadas para que ambos los vean juntos. Aquí encontrará abundante ayuda, humor y ejemplos de la vida real. La idea es que vea uno de estos videos junto con su pareja cada semana.

> *Las parejas más felices del planeta son aquellas que se esfuerzan por ver la perspectiva del otro.*
>
> **Neil Clark Warren**

Además de los cuatro componentes principales del programa de matrimonio de eHarmony, también tendrá acceso a cientos de artículos y ayudas adicionales.

Armonía mutua

Por supuesto, estamos incluyendo la información sobre el programa de matrimonio de eHarmony en este capítulo como medio de ayuda para utilizar la empatía de mejor manera con su pareja y viceversa; y para hacerlo más rápido. Obviamente, es solo una opción para que la tome en cuenta. Si quiere adelantarse en el proceso de intercambiar lugares y comenzar a disfrutar de las recompensas con rapidez, esta es una de las mejores maneras que conocemos. Después de todo, el programa está diseñado para hacer exactamente eso. Es personal. Lo conduce de forma rápida a *sus* asuntos específicamente. Con humor y diversión, le ayuda a ver muy pronto la relación a través de los ojos de otra persona. Como resultado, estará más sintonizado con su pareja.

A veces nos preguntan si se puede hacer este programa solo. Seguro que sí. Pero los mejores resultados se logran cuando lo hace junto con su cónyuge. Considere un diapasón. Logra una nota gracias a dos palillos vibrando juntos. Anule uno de ellos, aunque sea sutilmente, y la nota desaparecerá. Ninguno de los palillos logra producir una nota tan pura y dulce por sí solo. Solo cuando ambos palillos vibran se puede disfrutar de la nota correcta. Lo mismo sucede en el matrimonio. Y sabemos que no hay mejor manera de lograr que una pareja se sintonice en su unión que dirigiéndose al sitio electrónico del programa de matrimonio de eHarmony, o también encontrará un link en www.RealRelationships.com.

Por cierto, note también que el programa de matrimonio de eHarmony, al ser una herramienta en línea, es actualizada y mejorada constantemente. Las nuevas búsquedas y comentarios de usuarios aseguran que este medio evolucionará para seguir siendo una tecnología de punta.

Esto puede ser lo que usted busca o tal vez no; pero nos sentimos impulsados, al menos, a informarle que es un medio útil para intercambiar de lugar más rápido.

Para reflexionar

1. *¿Cómo se sentiría si tuviera «barras señalizadoras» encima de la cabeza de todos para saber con precisión si sus mensajes «se reciben» bien? ¿Le sería útil o le distraería? ¿En qué momentos preferiría que esté encendido o apagado? Brinde detalles.*
2. *¿En qué aspectos ha sido un «rescatador emocional» de su cónyuge? ¿Y cuándo lo ha sido su pareja con usted? Sea específico y relate una de las veces con tantos detalles como sea posible.*
3. *¿Cómo se sentiría empleando un asistente que le diera consejos a su cónyuge acerca de cómo practicar mejor la empatía con usted? ¿Cómo se sentiría al recibir el mismo tipo de consejos para practicar la empatía de mejor manera con su pareja?*

Ejercicio siete

Maximice el programa matrimonial de eHarmony

Podemos asegurarle que nunca ha utilizado un recurso como el programa matrimonial de eHarmony. Es el primero en su tipo y estamos impacientes porque disfrute de todos los beneficios para usted y su relación. Y para asegurarle que consiga todo lo que este programa ofrece, este ejercicio le guiará a través de un proceso para prepararse completamente con su mente y su corazón.

CAPÍTULO 8

Ayude a su cónyuge a ver las cosas como las ve usted

Si vale la pena hacer algo, vale la pena hacerlo mal.

G.K. Chesterton

Miguel Ángel los llamaba sus «cautivos». Los encontrará a los cuatro de pie en un gran salón de un renovado museo en Florencia, Italia. El famoso escultor intentó que cada uno de ellos fuera utilizado en la tumba del Papa Julio. Pero a mitad de su trabajo, decidió no utilizarlos y cesó en su labor. Hoy cualquier persona que viaje a Florencia puede ver los resultados: una mano sale por aquí, el torso de un hombre por allí, una pierna, parte de una cabeza. Ninguno de ellos está terminado.

Si usted se para en ese gran salón, mirando esas figuras fragmentarias, sentirá la confusión, el esfuerzo contenidos en esas piedras. Parecería que las figuras están intentando librarse de sus bloques de mármol para volverse lo que en realidad estaban destinados a ser.

¿Se sintió alguna vez usted como esos «cautivos»? ¿Ha sentido alguna vez que una parte de usted se encuentra aprisionada

> *Eso es lo que el matrimonio realmente significa: ayudarse uno al otro a alcanzar el estado completo de ser personas, seres responsables y autónomos que no huyen de la vida.*
>
> **Paul Tournier**

o no ha sido descubierta? Quizás sintió que su pareja no está viendo una parte importante de usted, que su empatía es solo parcial. Bueno, eso probablemente sea verdad. Como dijimos antes, la empatía a menudo requiere trabajo. A menudo se siente incompleta. Es por eso que dedicamos este último capítulo a ayudarle a auxiliar a su cónyuge para que pueda verle completamente. Después de todo, usted puede facilitar el intercambio para ambos.

¿Sabía usted que puede «moldear» a su pareja? En los estudios científicos acerca del matrimonio, se le llama literalmente Fenómeno Miguel Ángel. De maneras sutiles, usted está reforzando los patrones en cada uno por medio de innumerables y pequeñas interacciones. Ese modelado puede hacer que sea más fácil o más difícil, para su cónyuge, poder ver desde su punto de vista. Estamos aquí para mostrarle cómo hacer para facilitarlo. Y mucho.

Lo que sigue son media docena de consejos que han comprobado ser de gran valor para muchas personas que están intentando que su pareja camine en sus zapatos. Son consejos útiles. Puede ponerlos en práctica hoy mismo. No podemos garantizarle que todos le darán resultado, por supuesto, pero podemos prometerle que si le da a cada uno un tiempo, descubrirá algunos consejos que se volverán especialmente valiosos para usted. Comenzaremos con una manera fácil e imperceptible de ayudar a su pareja a entrar a su mundo cotidiano.

Comparta sus altibajos

He aquí un escenario típico en miles de hogares en una tarde de día de semana cuando marido y mujer se reúnen tras un día de trabajo:

—¿Cómo fue tu día hoy? —le pregunta la esposa al saludarse en la puerta de entrada.

—Bien —contesta él mientras recoge el periódico junto con el correo.

—¿Alguna novedad? —pregunta mientras entra en la cocina.

—Realmente no —dice él mientras revisa los sobres de cuentas y los correo de publicidad, por lo general—. Pude tratar con la cuenta Perkins, y mi jefe estuvo satisfecho con ello. ¿Qué hay de ti?

> *Usted no puede ayudar a alguien a escalar una colina sin acercarse a la cima.*
>
> **Norman Schwarzkopf**

—Hablé con Sara sobre el próximo fin de semana y todavía no están seguros de que pueden hacerlo —grita ella desde la cocina.

—Mmm —murmura él mientras se desploma en una silla, abre el periódico y se quita los zapatos.

Y eso concluye su interacción acerca de su día. Seguro intercambiarán un par de palabras más en la cena y luego quizás algunas más si llegan a acostarse al mismo tiempo esa noche. Pero eso es todo.

¿Está mal? No, en realidad no lo está. ¿Podría ser mejor? ¡Seguro que sí! Imagínese lo diferente que sería si se tomaran cinco minutos para sentarse y hablar acerca de su día cara a cara, no solo en cuanto a *qué* sucedió, sino también a *cómo* se sintieron con lo sucedido. ¿Se encontrarían sus espíritus más cerca? Por supuesto. ¿Estarían más dispuestos a intercambiar lugares a lo largo del resto del día? ¡Sin duda! Sería el primer paso para ejercer mejor la empatía y la comprensión en cualquier situación que aconteciera más tarde. ¿Por qué? Porque esos cinco minutos se convierten en el portal para una conexión significativa. Cuando sabemos del día de una persona, especialmente acerca de cómo se sintió esa persona, le damos prioridad al intercambio.

De modo que aquí está nuestro consejo. Si quiere que su pareja vea al mundo a través de su punto de vista, infórmele sus altibajos durante el día. No toma mucho tiempo. En efecto, puede durar muy poco si no podemos darnos el lujo de sentarnos a hablar mucho rato. Simplemente nos preguntamos el uno al otro: «¿Cuáles fueron tus altibajos desde la última vez que te vi?» Y con eso hablamos uno con el otro en cuanto a lo mejor que nos pasó ese día en el trabajo, y también acerca de lo peor.

Entonces, el marido puede decir: «Mi mejor momento fue cuando al fin pude lidiar con la cuenta Perkins, ¡qué alivio!; y el peor fue cuando Jim criticó mis comentarios en la reunión de personal». Esto conducirá inevitablemente a algunas preguntas de la esposa. Y luego será el turno de ella. «Mi mejor momento fue cuando el maestro de Jacob me dijo que al fin se está concentrando en la clase y mejorando su desempeño; y el peor fue cuando Sara pospuso los planes para la semana que viene, me hace sentir que no quieren estar con nosotros». Una vez más, esto llevará a preguntas para aclarar el tema y así seguirá. Eso es todo. Toma menos de cinco minutos.

Es sorprendente cómo una simple pregunta puede abrir una ventana para ver la experiencia emocional del día del otro y cómo le permite a nuestra pareja ver el nuestro. Pruébelo ahora mismo con su esposo o esposa. Hágalo un hábito diario. Pronto verá que hablar de sus altibajos puede ayudarles a poner en práctica la empatía.

Utilice el par de zapatos correcto

Matt Emmons tenía la medalla de oro entre ceja y ceja. Le faltaba un disparo para lograr la victoria en la destreza de rifle de tres posiciones a cincuenta metros en los juegos olímpicos del año 2004. Ni siquiera necesitaba tener gran puntería para ganar. Su tiro final necesitaba acertar al blanco. ¡En cualquier lugar! Estaba casi garantizado que iba a ganar.

> *El alma nunca piensa sin una imagen.*
>
> **Aristóteles**

Pero algo malo sucedió. Emmons disparó hacia el objetivo equivocado. Desde el carril número dos, le dio al blanco del carril número tres. Normalmente, el disparo habría recibido un puntaje de 8.1, más que suficiente para merecer la medalla dorada. Pero debido a lo que se calificó como «un error extremadamente extraño en la competición», Emmons no logró acertar a su objetivo. ¿Cuál fue su puntaje por un gran disparo al objetivo equivocado? Cero. En vez de recibir una medalla, Emmons terminó en el octavo lugar.[61]

No importa cuán certero sea usted si está apuntando al blanco equivocado. Podemos casi sentir que pone los ojos en blanco al leer esta última oración. *Es obvio,* puede decir. Pero podemos decirle que de las innumerables parejas que han venido para recibir nuestro consejo, hemos visto muchas frustradas porque hacen muy poco por asegurarse de que la otra parte de la pareja esté apuntando al objetivo correcto.

Aquí está el punto. Usted tiene que hacer todo lo posible para ayudar a su cónyuge a apuntar en la dirección correcta. Muchas veces en el matrimonio jugamos al juego de adivinar, queriendo que nuestra pareja sepa instintivamente a dónde dirigir su empatía. Llegamos a creer que si mi cónyuge me amara, debería *saber* cómo me siento sin tener que decírselo.

Pero usted sí *debe* decirle a su pareja qué necesita y cómo se siente. Dicho en lenguaje sencillo: su cónyuge no puede leerle la mente. Puede ser muy bueno aplicando la empatía, pero eso no le convierte en adivino o adivina. Necesita que usted le dirija en la dirección correcta.

Permítanos decirlo de otra manera: Si quiere que su cónyuge camine en sus zapatos, debe mostrarle qué zapatos ponerse. No permita que tenga que adivinar lo que usted está sintiendo.

Resalte sus necesidades emocionales más importantes

Si ha utilizado el asistente matrimonial de eHarmony, está en buen camino para poner este consejo en práctica. Pero si no lo ha utilizado queremos mostrarle cómo abrir el camino para que su pareja se ponga en sus zapatos. La idea es ayudar a que su cónyuge logre identificar cuáles son las cosas que usted necesita. Sepa que todos tenemos necesidades sicológicas que son previsibles —las que son casi obvias— y si usted puede resaltar las grandes necesidades que le son específicas, su cónyuge tendrá un atajo para intercambiar de lugar con usted.

> *El amor quita máscaras que creemos indispensables para la vida pero que sabemos, nos la hacen imposible.*
>
> **James Baldwin**

Por ejemplo, yo (Les) tengo la necesidad emocional fundamental de utilizar mi tiempo sabiamente. Detesto perderlo. No me gusta esperar en largas filas o estar atascado en el tráfico o sentarme en una reunión de comité y no llegar a ningún lado. Me gusta ser eficiente. Este es un rasgo mío previsible. Ahora, no hace falta ser un detective para darse cuenta de eso. Leslie lo sabe. Si se le pidiera que me describiera ante un extraño, no pasaría mucho tiempo antes de que lo mencionara.

Entonces, ¿para qué tendría yo que resaltarle este rasgo emocional? Porque, como cualquier otra persona en este planeta, Leslie tiene sus propias necesidades. Y las nuestras nos impiden ver las del otro. Por ejemplo, una de las necesidades importantes emocionales de Leslie es sentirse aprobada. Y si no siente mi aprobación, su necesidad insatisfecha le impide recordar que el tiempo es una necesidad fuerte para mí. Es por eso que yo puedo ayudarla a intercambiar de lugar diciéndole cosas como: «Mi indicador de urgencia está titilando». O «No te olvides que no es posible que posponga esta tarea». Son esas cosas las que mantienen mis necesidades emocionales en su mente, presentes.

Ahora, no puede esperar que su pareja deje todas sus necesidades de lado solo porque usted está destacando las de ella. Pero lo que sí puede esperar es que el potencial de su pareja en cuanto a la empatía aumente dramáticamente cuando lo hace.

Por supuesto, este consejo se basa en poder articular sus dos o tres principales necesidades emocionales. Como mencionamos, el programa de eHarmony para Matrimonios hace esto por usted, pero si no aprovechó este recurso, la siguiente lista de necesidades emocionales comunes puede ayudarle a destacar las suyas.

Mire esta lista y esfuércese por eliminar todas las necesidades emocionales secundarias, hasta el punto de que la reduzca a las dos más importantes para usted:

Admiración	Honestidad
Afecto	Humor
Aprobación	Intimidad
Compromiso	Lealtad
Compañerismo	Comunicación
Conversación	Respeto
Respaldo hogareño	Satisfacción sexual
Seguridad financiera	Tiempo
Perdón	Unión

> *Detrás de los pares opuestos en los que se basa el mundo, comienzan las nuevas reflexiones.*
>
> **Herman Hesse**

Por supuesto, esta lista no es completa. A usted se le puede ocurrir una necesidad emocional importante que no esté aquí. Está bien. Es un simple catalizador para ayudarle a identificar sus necesidades, para que se las pueda resaltar a su pareja.

Una vez que haya identificado sus dos necesidades más importantes, haga su mejor esfuerzo por ponerlas —con gentileza— frente a su pareja cuando usted crea que puede ayudar. En general, será cuando uno o ambos esté cansado, hambriento o frustrado. Cuando su conversación esté perdiéndose, usted puede decir algo como: «Sé que mi mayor necesidad es la admiración y estoy seguro de que esa es la razón por la cual en este momento me estoy sintiendo poco apreciado». ¿Ve lo que logra con eso? No señala con el dedo ni culpa a nadie. Simplemente resalta su atención a una de sus mayores necesidades, lo que ayudará a su pareja a entrar en su mundo emocional.

Sea específico con sus quejas

Aquí tenemos un ejercicio –para que lo haga– que remarcará este consejo.[62] Pruébelo ahora mismo. Tome un lápiz y un trozo de papel. También necesitará contar el tiempo (puede ser con un reloj). Si quiere ver cómo funciona esto, no siga leyendo hasta tener su lápiz o lapicera, su papel y su reloj. ¿Listo?

Instrucciones para el primer paso: Escriba todas las cosas que pueda, que sean de color blanco. Comience ahora y deténgase en quince segundos.

Una vez que haya hecho esto, proceda al próximo paso.

Instrucciones para el segundo paso: Escriba todas las cosas que pueda, que estén en su refrigerador. Comience ahora y deténgase en quince segundos.

¿Qué sucede al comparar las dos listas?

La mayoría de las personas, sorprendentemente, incluyen en la lista todas las cosas de color blanco que se encuentran en su refrigerador al pensar en todo el universo. Increíble, ¿no? Y no solo eso, sino que cuando reducimos nuestra consideración de las cosas blancas al espacio definido de nuestro refrigerador, el ejercicio es aun más fácil.

¿Por qué ocurre esto? Porque las cosas concretas ayudan a nuestro cerebro a concentrarse más rápidamente y con mayor facilidad. Es por eso que si quiere que su pareja intercambie de lugar con usted en temas que lo están molestando –como no levantar la ropa, llegar tarde, dejar las luces encendidas o gastar dinero– tiene que ser concreto con sus quejas.

Si quiere que su pareja vea los problemas desde su punto de vista, como por ejemplo, el llegar tarde, no diga: «Tú siempre nos haces llegar tarde a todos lados». En lugar de eso, diga algo como: «Cuando tenemos un horario para dar las clases dominicales en nuestra iglesia, y estás vistiéndote y arreglándote el cabello a las 9:15, empiezo a sentirme bajo presión y no puedo concentrarme en la lección porque me preocupa qué vamos a decir si llegamos tarde. ¿Entiendes a qué me refiero?»

Este tipo de especificación hace que la empatía sea más fácil de lograr. Si usted dice: «Tú siempre nos haces llegar tarde a todos lados», simplemente pone a su cónyuge a la defensiva. Pero con una descripción concreta, no puede hacer otra cosa más que verle desde su punto de vista. No estamos diciendo que esto garantice un cambio completo, pero lo que sí hace es lograr que el intercambio sea posible.

Brinde un poco de contexto

Un secreto poco conocido para el éxito interpersonal se resume de esta manera: El contexto engendra el cuidado por el otro. En otras palabras, si una persona comprende el contexto de la experiencia de otra persona, ambas tienden mucho más a querer a esa persona. Si usted está enojado, por ejemplo, y quiere que su cónyuge le entienda y practique la empatía con usted y sus emociones, debe hacerle notar el contexto y la historia anterior al problema. Debe ayudarle a ver qué es lo que ocasionó su enojo.

Tome en cuenta este escenario: Marido y mujer están en su alcoba vistiéndose para salir una noche. La esposa le está contando a su marido acerca de una interacción difícil que tuvo con una amiga más temprano. Ambos están sentados en el borde de la cama cuando él se levanta y va a su clóset un momento. Es en ese instante que ella se detiene y manda un millón de señales no verbales mostrando su enojo. Entonces su marido pregunta...

—¿Qué sucede?

—Deberías saberlo.

—Bueno, no lo sé, ¿podrías explicármelo? Creí que estábamos sosteniendo una conversación.

—Si no lo sabes ahora, nunca lo entenderás.

Conoce la experiencia, ¿verdad? Este rápido intercambio ocasiona una nube sobre el resto de su salida, mientras cada uno se refugia en su propio rincón, sintiéndose incomprendido. Esto solo se resolverá cuando uno de los dos formule una disculpa.

Ahora, compare ese intercambio de palabras con este que comienza con la misma pregunta por parte del marido:

—¿Qué sucede?

—Yo te estaba hablando sobre lo que sucedió con Jennifer y te fuiste.

—Simplemente fui a mi clóset un segundo a buscar mis zapatos, pero seguía escuchándote.

—Lo sé, pero cuando yo era niña, mi padre solía irse de las conversaciones que no quería tocar, y cada vez que me haces lo mismo siento que no estás interesado en lo que te estoy diciendo, y eso hiere mis sentimientos.

¿Cree usted que este marido va a estar mejor equipado para intercambiar de lugar? Por supuesto que sí. ¿Por qué? Porque su esposa le dio un contexto para sus sentimientos.

El contexto siempre hace que la empatía sea más fácil de lograr.

Déle la historia completa a su pareja

Algunas veces su pareja necesita más que un poco de contexto. Necesita toda la historia.

¿Ha oído alguna vez el viejo cuento tejano acerca de la maestra que estaba ayudando a uno de sus alumnos de kinder a ponerse sus botas? Él le pidió ayuda y ella pudo ver por qué

> *Las probabilidades de dar en el blanco aumentan dramáticamente cuando se le apunta.*
>
> **Mal Pancoast**

lo hacía. Aun cuando ella tiraba, y el niño empujaba, las pequeñas botas no querían entrar. Para el momento en que habían logrado poner la segunda bota, la maestra sudaba. Casi llora cuando el pequeño le dijo: «Maestra, están al revés». Ella miró, y en efecto, lo estaban.

No fue para nada fácil sacárselas. Intentó mantenerse en calma mientras ambos trabajaban juntos para ponerle las botas una vez más, esta vez en el pie correcto. Luego el niño dijo: «Estas no son mis botas».

La maestra se mordió la lengua en vez de gritarle en la cara al pobre niño: «¿Por qué no me lo dijiste antes?»

Una vez más, ella luchó para ayudar al niño a sacarse las botas de sus pequeños pies. Cuando lograron sacarlas el pequeño dijo: «Son las botas de mi hermano. Mi madre me las hizo poner».

Ahora ella no sabía si reír o llorar, pero logró armarse del coraje y la gracia que le quedaban para luchar y ponerle las botas una vez más.

Cuando lo estaba ayudando a ponerse el abrigo, ella le preguntó: «Ahora, ¿dónde están tus guantes?»

El niño dijo: «Los metí en el fondo de mis botas».

Puede parecerle tierno que el niño diera pedazos de información que hubieran sido de mayor ayuda si se los decía todos juntos, pero nosotros hacemos lo mismo cuando conversamos con nuestra pareja y luego nos preguntamos cómo puede ser que no entiendan qué es lo que queremos.

—Voy a necesitar el auto el jueves en la tarde.

—Iba a hacer algunas cosas, pero está bien. ¿Para qué lo necesitas?

—Debo encontrarme con Ken.

—¿Para qué?

—Quiere saber acerca de un trabajo.

—¿Dónde te encontrarás con él? Quizás yo pueda dejarte ahí y así tener el auto.

—No, voy a necesitarlo todo el tiempo.

—¿Por qué?

—Porque luego de reunirnos en Starbucks vamos a ir a la casa de Tim.

—Ah. ¿Y qué sucede en la casa de Tim?

—Quiere enseñarnos el estudio de grabación que ha construido en su sótano.

—Bueno, quizás Ken pueda llevarte.

—No, Tim va a instalar unos parlantes en el auto.

—¡¿Qué?!

—Sí, conseguí estos parlantes grandiosos a muy bajo precio.

—¿Me ibas a contar todo esto en algún momento?

—¿Qué dices? Te lo estoy diciendo ya.

—Solo después de que pude enterarme de todos tus planes. ¿Por qué no me lo dijiste al principio?

—Porque sabía que te ibas a molestar porque gasté dinero en parlantes nuevos, ¡y lo estás haciendo!

Esta conversación estúpida podría seguir mucho más tiempo. Sucede cada vez que una parte de la pareja, en este caso el marido, intenta llevar a cabo algo sin contarlo todo. Y seguramente le quitará capacidad a su pareja para intercambiar de lugar. Aquí está la otra alternativa:

> *Estar vivo es ser vulnerable.*
>
> **Madeleine L'Engle**

—¿Qué te parecería comprar unos parlantes nuevos para el auto?

—¿Los necesitamos?

—No lo sé, pero Tim me está dando unos parlantes suyos viejos a un precio muy bajo, y los instalará él mismo el jueves por la noche.

Desde este punto la conversación puede ser racional, y este marido puede lograr con mayor efectividad que su esposa intercambie lugar con él, todo gracias a que le contó la historia completa.

Una revisión rápida

Creemos que el contexto de este capítulo es crucial para el intercambio. En nuestro propio matrimonio, en efecto, tenemos una lista con esta media docena de consejos a mano (pegados en un espejo o en un escritorio). La lista nos recuerda exactamente qué hacer para obtener ayuda a fin de ver las cosas desde la perspectiva de la otra persona.

Aquí está:

- Dé a conocer sus «altos» y «bajos», ayudará a su pareja a conocer las experiencias de su día.
- Utilice los zapatos adecuados, mantendrá a su cónyuge en el camino.
- Resalte sus necesidades emocionales más importantes, le recordará a su esposo o esposa su cableado interno.
- Sea específico con sus quejas, aumentará la probabilidad de que su pareja haga algo respecto de lo que le moleste a usted.
- Provea un poco de contexto, sintonizará a su pareja con lo que hay tras sus emociones.

- Déle a su cónyuge la historia completa, le mantendrá lejos de los juegos emocionales.

Cada uno de estos consejitos sencillos, cuando se practican, aumentarán las probabilidades de la comprensión mutua. Harán que el intercambio de lugares sea más accesible y asegurarán que sus necesidades sean satisfechas.

Antes de terminar este capítulo, queremos notar una última cosa muy importante para ayudar a su pareja cuando se trate del intercambio. Es un simple recordatorio para mantenerse al ritmo.

Siga intentándolo, aunque no lo esté haciendo bien

Cuando se trata de intercambiar lugares, no podríamos estar más de acuerdo con el escritor inglés G.K. Chesterton. Recuerde la cita del comienzo de este capítulo: «Si vale la pena hacer algo, vale la pena hacerlo mal». Después de todo, ninguno de nosotros jamás será perfecto al practicar la empatía. Y esto no solo lo incluye a usted, sino también a su pareja.

> *Aquél que lucha con nosotros hace más fuerte nuestros nervios y agudiza nuestras habilidades. Nuestro antagonista es nuestro ayudante.*
>
> **Edmund Burke**

Nuestro amigo Gary Thomas, autor de *Matrimonio sagrado*, es un gran pensador. Nos encanta la manera en que ilustra la realidad de la humanidad en el matrimonio. «Si usted estuviera por divorciarse», escribe, «entreviste a doscientos candidatos para "reemplazar" a su cónyuge, sométalos a varias pruebas sicológicas, sostenga entrevistas conducidas por sus amigos más cercanos, pase tres años viéndose con los más compatibles, y luego cuarenta días más orando y pensando en cuál elegir, y así y todo *aún* terminaría con una pareja que lo decepcionará».[63]

El punto aquí es que todos somos humanos. Nadie es perfecto. A veces nuestra pareja intercambiará de lugar con nosotros de manera grandiosa. A veces no logrará hacerlo. Cada uno puede hacer mucho para ayudar a que la otra persona vea su punto de vista. No siempre tendrá éxito al hacerlo. Pero puede seguir intentándolo. Por tanto, siga intentando aunque lo esté haciendo mal.

Para reflexionar

1. *¿Qué maneras ha encontrado por sus propios medios para lograr que su pareja vea el mundo desde su propio punto de vista? ¿Qué le ha dado resultados?*
2. *De los seis consejos para lograr que su cónyuge intercambie lugar con usted, ¿cuál es el que le atrae más y por qué? ¿Cuándo lo pondrá en práctica?*
3. *El capítulo concluye con un recordatorio para seguir intentando aunque piense que no le está yendo bien. ¿Por qué cree que eso es importante? ¿En qué momento será especialmente relevante para usted?*

Ejercicio ocho

Logre que su cónyuge vea las cosas a través de los ojos de usted

En este ejercicio final le ayudaremos a aplicar el contenido de este capítulo a nivel particular. Nos aseguraremos de que esté haciendo lo mejor para lograr que su pareja vea a través de sus ojos. Por tanto, esté listo para arremangarse la camisa y poner la información de este capítulo a sus órdenes.

CONCLUSIÓN

Por qué toda pareja tiene posibilidad para el intercambio

Aquellos que saben lo suficiente saben cómo aprender.

Henry Brooks Adams

Siempre que hablamos con las parejas acerca de la empatía mutua en uno de nuestros seminarios matrimoniales, alguien se nos acerca en el receso para preguntarnos: «¿Hay personas incapaces de poner en práctica la empatía?»

Nuestra respuesta es muy directa: solo los narcisistas y los que no tienen conciencia.[64] Todas las demás personas pueden utilizar sus mentes y sus corazones para ponerse en el lugar de otro. Esto es comprobado. Muchos neurólogos saben que tenemos algo en nuestra naturaleza, desde el principio, que nos da los recursos para ejercer la empatía. La capacidad de ver el mundo desde la perspectiva de otra persona está en nuestro ADN.[65]

Por ejemplo, considere a un recién nacido que escucha a otro que está llorando. El bebé que está contento también comienza a llorar. Las investigaciones demuestran que no es solo el ruido, sino el sonido de un humano compañero que está incómodo con algo lo que sirve de disparador para que el otro bebé llore.[66]

Llevamos incorporada la empatía. No hay razón por la cual los dos no puedan practicar esta habilidad y disfrutar de sus recompensas. Pero en esta conclusión de nuestro libro, queremos advertirle acerca de que algunas parejas bien intencionadas nunca alcanzarán los beneficios del intercambio. Por una variedad de razones, bloquearán su capacidad natural para practicar la empatía mutua y se preguntarán por qué no les resulta. Es por eso que nos sentimos obligados, en esta conclusión, a advertirle acerca de estos peligros potenciales:

- Falta de conocimiento
- Falta de motivación
- Falta de prioridades
- Falta de voluntad para cambiar

Estas son las razones más comunes que aun las parejas con buenas intenciones no lograrán ver al prometerse empatía mutua. Para esforzarnos y protegerlo de tales peligros, veamos a cada uno de cerca.

Algunas personas nunca intercambian lugares porque no saben cómo hacerlo

Mi amigo y mentor, John Maxwell, es un reconocido experto en liderazgo. Yo (Les) cené con John en Saint Louis no hace mucho y le mencioné que Leslie y yo estábamos escribiendo esta obra. John se animó con la idea. «Es muy necesario», exclamó. «Si supieras cuánta gente, aun en prestigiosas posiciones de liderazgo, no sabe cómo ponerse en el lugar de otra persona».

Entonces, en ese predecible y carismático estilo de John, me contó una historia memorable para destacar lo que quería decir: Un hombre en un globo aerostático se dio cuenta de que estaba perdido. Redujo la altitud y vio a una mujer debajo. Descendió un poco más y le gritó:

—Disculpe, ¿podría ayudarme? Le hice una promesa a un amigo que me iba a reunir con él hace una hora, pero no se dónde estoy.

La mujer desde abajo le contestó:

—Está en un globo aerostático, a unos diez metros del suelo. Está entre 43 y 44 grados altitud norte y 38 y 39 grados latitud oeste.

—Usted debe ser ingeniera —le dice el hombre desde el globo.

—En efecto, lo soy. ¿Cómo lo supo? —preguntó la mujer.

El hombre le contestó:

—Todo lo que me dijo es técnicamente correcto, pero no tengo idea de qué hacer con esa información, y el hecho es que sigo perdido. Francamente, no me ha ayudado mucho. En cualquier caso, me ha retrasado aun más.

La mujer desde abajo contestó:

—Usted debe trabajar en administración.

—En efecto —dijo el hombre—, pero, ¿cómo lo sabe?

La mujer entonces le respondió:

—Bueno, no sabe dónde está ni hacia dónde ir. Ha ascendido hasta el lugar donde está en este momento a causa de una gran cantidad de aire caliente. Usted hizo una promesa, que no tiene la menor idea de cómo cumplir, y espera que la gente de abajo le resuelva los problemas. El hecho es que está en el mismo lugar que cuando nos conocimos, pero ahora, de alguna manera, se las ha arreglado para culparme por ello.

¿Cuántas veces en su matrimonio ha tenido usted un conflicto a causa de que ve las cosas de una manera y su pareja

> No conocemos las mayores profundidades del corazón humano; sólo se revelan al amor. Pero aquellos que condenan, casi siempre tienen poco amor y, por tanto, el misterio del corazón al que juzgan se encuentra cerrado para ellos.
>
> **Nicolás Berdyaev**

las ve de otra? Nos sucede a todos. Inevitablemente, nos golpeamos la cabeza porque no compartimos la misma perspectiva. Y si no conocemos la empatía, es allí donde nos quedamos, en el conflicto.

Por supuesto, ahora que ha estudiado este libro, no puede tener ninguna excusa para una falta de empatía en su matrimonio a causa de eso. Ahora sabe cómo intercambiar de lugar. Ahora sabe cómo ponerse en el puesto de su pareja y cómo hacerlo más fácil para ella también. Por tanto, echémosle un vistazo a la próxima razón más común por la cual algunos no practican la empatía.

Algunas personas nunca intercambian lugares porque no lo intentan

¿Se imaginó alguna vez cómo sería un viaje a lo largo de un rayo de luz? ¿No? Bueno, Albert Einstein lo hizo. Es más, fueron su imaginación y sus penetrantes preguntas tipo «¿qué sucedería si...?» acerca del universo lo que guió a Einstein a revolucionar nuestra comprensión en cuanto al espacio y el tiempo. Su huella en la ciencia, sin necesidad de mencionarlo, es legendaria.

Pero lo que usted quizás no sepa respecto de Einstein es lo que descubrió James Gates hijo, un afroamericano líder y físico. Einstein mostró tremenda empatía por los afroamericanos en su época y Gates vio una correlación fascinante entre

> *No se puede armar una reputación en base a lo que se va a hacer.*
>
> **Henry Ford**

la capacidad científica de Einstein por la creación y cómo su genio creador le permitió «ponerse en el lugar de los afroamericanos, al tiempo que viajaba por ese rayo de luz».[67] En otras palabras, Gates vio la habilidad de Einstein al preguntar «¿qué sucedería si...?» como un propulsor hacia la empatía.

Pero el genio empático de Einstein no tuvo gran éxito en su vida privada. Como dice el biógrafo Tom Levenson, era difícil ser la esposa de Einstein. Levenson, como muchos biógrafos, luchó contra la complejidad de la humanidad de Einstein. Así como también con otros «grandes» seres humanos, Levenson sugiere que uno se siente tentado a idealizar el genio de Einstein y hacerlo un santo. Pero Albert Einstein no era ningún santo en casa. Se casó con Mileva en 1903 y pronto le dio una gran lista de reglas con mandatos como: «Debes contestarme a la primera vez que te llamo». Y a los diez años de matrimonio, luego de volverse mundialmente famoso por su teoría de la relatividad en 1905, Einstein dijo acerca de su esposa: «La trato como a un empleado al cual no puedo despedir». Un año antes, Mileva le hizo una penetrante pregunta a una amiga, Helene Savic: «Toda esa fama no deja tiempo para la esposa. Pero, ¿qué se puede hacer, si una persona recibe la perla y la otra solo recibe la concha?»[68]

Sin necesidad de decirlo, Einstein tenía la capacidad de practicar la empatía. La practicaba a menudo con otros. Pero cuando se trataba de su propia casa, no lo intentaba siquiera. Por eso cuando llegó a los cuarenta y cuatro años, Mileva estaba divorciada y con una enfermedad crónica. Hans Albert, su hijo mayor, tenía quince años y era un amargado. Eduard, su segundo hijo, tenía nueve y estaba confundido. Y Albert tenía cuarenta, era una figura mundialmente famosa y estaba casado por segunda vez. La casa de los Einstein pudo haber sido muy diferente, si Albert solo lo hubiera intentado.

No cometa el mismo error. Recuerdo lo que Clement Stone dijo: «Intentar, intentar, intentar y seguir intentando es la regla que se debe seguir para ser experto en cualquier cosa». No se desaliente si no es experto instantáneamente al aplicar la empatía luego de leer este libro. Siga intentando. Todo esfuerzo lo pone más cerca del matrimonio que usted desea.

Algunas personas nunca intercambian lugares porque no lo hacen prioridad

Tiempo atrás fuimos a una conferencia en Atlanta y escuchamos a Tim Sanders, ex jefe de soluciones en Yahoo! Y autor de *Love is the killing app* [El amor es el apéndice asesino]. En sus puntos destacados habló sobre las prioridades, por lo que nos dejó pensando.

«Toma tu vida y todas las cosas que crees que son importantes, y divídelas en tres categorías», sugirió Tim. Luego nos dio las categorías. Estaban representadas por tres objetos: vidrio, metal y goma.

Las cosas que están hechas de goma, cuando se le caen a uno, dijo, rebotan y vuelven a nosotros. Nada pasa realmente cuando este tipo de cosas caen al suelo. Entonces, por ejemplo, si uno se pierde un juego del equipo favorito, la vida le rebota nuevamente sin problemas. No cambia nada en consecuencia, ni se pierde nada en la vida. Perderse un juego o

> *Las acciones expresan las prioridades.*
>
> **Charles A. Garfield.**

> *Intenta una vez.*
> *Falla una vez. No*
> *hay problema.*
> *Intenta otra vez.*
> *Falla otra vez.*
> *Falla mejor.*
>
> **Samuel Beckett**

toda una temporada no alterará su matrimonio o su vida espiritual.

Las cosas que están hechas de metal, cuando se le caen a uno, hacen mucho ruido. Pero se pueden recuperar. Si usted no llega a una reunión del trabajo, puede pedirle las notas a un colega. O si olvida balancear la cuenta de su chequera, pierde noción de cuánto dinero le queda en la cuenta, y su banco le notifica que ha estado gastando más dinero del que verdaderamente tiene, eso hará ruido en su matrimonio, pero se puede recuperar de ello.

Luego están las cosas hechas de vidrio. Y cuando a uno se le caen estas cosas, se rompen en pedazos y nunca será lo mismo de antes. Aun cuando se pueda poner cada pieza en su lugar, siempre le faltarán algunos pedazos. Seguramente no se verá igual que antes, y usted quizá no podrá llenarlo de agua, porque las consecuencias de la fractura afectarán para siempre su funcionamiento y su uso.

Cuando Tim proyectó esas imágenes a la audiencia, el salón estaba en completo silencio. Se inclinó sobre el podio y dijo: «Usted es la única persona que sabe cuáles son aquellas cosas que no puede darse el lujo de dejar caer. Es más que seguro que esas cosas tienen mucho que ver con sus relaciones. Su matrimonio, su familia y sus amigos».

Dudamos que no esté de acuerdo con esto. El hecho de que esté leyendo este libro nos demuestra que su matrimonio es una prioridad. Pero lo que no sabemos con seguridad es si tiene la voluntad de establecer una empatía mutua como prioridad. Para ser sinceros, nunca hemos conocido muchas parejas que digan que aprecian su matrimonio pero que no

> *La voluntad es esencial en cualquier comienzo o al volver un sueño realidad. «No puedo» muchas veces significa «No lo haré». Usted puede cambiar ese «No lo haré» por «Lo haré» con fuerza de voluntad.*
>
> **Marcia Wieder**

priorizan el intercambio de lugares. Y como hemos marcado antes en este libro, la empatía requiere intención.

El magnate petrolero H.L. Hunt lo expresa así: «Uno debe decidir acerca de lo que quiere, decidir que desea cambiar para alcanzarlo. Establecer prioridades y ponerse a trabajar». Algunas parejas se pierden los beneficios de intercambiar lugares porque nunca lo han establecido como una prioridad y nunca van a trabajar pensando en eso. No permita que esto se diga de usted. La empatía mutua, en nuestra opinión, es una prioridad que debe ponerse en la categoría de vidrio, para ser tratada con gran cuidado, porque llega al corazón de su matrimonio.

Algunas parejas nunca intercambian lugares porque no están dispuestos a cambiar

A mediados de diciembre de 1970, los sicólogos John Darley y C. Daniel Batson condujeron un experimento en Princeton que se repitió en cientos de clases de sicología social en las universidades desde entonces. El estudio se inspiró en la parábola del buen samaritano. En la historia bíblica, los ladrones habían golpeado y robado a un hombre que viajaba de Jerusalén a Jericó, dejándolo desnudo y medio muerto al costado del camino. Un sacerdote pasa y cruza al otro lado del camino en vez de ayudar al viajante herido; un levita, líder religioso, hace lo mismo. Luego un samaritano —en aquellos días un marginado religioso— aparece en escena, le aplica bálsamo y vendas las heridas de la víctima, lo sube a su burro, lo lleva a un albergue, lo cuida durante la noche y a la mañana siguiente le deja dinero al posadero para el cuidado del viajante.

> *Yo siempre estoy haciendo cosas que no puedo hacer, es de esa manera que las logro.*
>
> **Pablo Picasso**

Darley y Batson decidieron crear un escenario contemporáneo con estudiantes del seminario. Le dijeron a un grupo de estudiantes en el Seminario Teológico de Princeton que debían cruzar el recinto para dar un sermón acerca del tema del buen samaritano. Como parte de la investigación, a algunos de esos estudiantes se les dijo que estaban llegando tarde y debían apurarse. En el camino había un actor contratado por Darley y Batson que hacía el papel de víctima, tosiendo y sufriendo, una persona que obviamente necesitaba ayuda.

El noventa por ciento de los estudiantes «que llegaban tarde» ignoraron las necesidades de la persona que estaba sufriendo en su prisa por cruzar el recinto. Un reporte del estudio informa: «En efecto, en variadas ocasiones, ¡un estudiante del seminario yendo a dar una charla acerca de la parábola del buen samaritano literalmente pisó a la víctima en su apuro!»[69]

¡Piense en ello! Esos estudiantes estaban a punto de dar un mensaje acerca de ayudar a la gente herida, pero no pusieron en práctica su propio mensaje minutos antes de predicarlo.

La triste verdad es que lo mismo puede pasar con las parejas que pretenden practicar la empatía mutua. Usted puede entender cómo practicarla (hasta puede leer un libro al respecto). Usted puede estar motivado para hacerlo. Y puede también hablar de que la empatía mutua es prioridad en su matrimonio. Pero si no tiene la voluntad para cambiar, nunca podrá ponerla en práctica.

¿Por qué? Porque la empatía requiere cambios. Sepa que, una vez que usted practique la empatía con su esposa, se vuelve una persona diferente, quizás en cosas insignificantes, o quizás no. Pero esté seguro de que cambia. Nunca más ve a su pareja de la misma manera. Cada acto certero de empatía es como un cincelazo en una escultura, logrando que usted tenga una perspectiva un poco diferente. No hay remedio para ello. Cuando se imagina, tanto con su mente como con su corazón, cómo sería la vida en la piel de su pareja, usted cambia. La empatía le da forma a usted. Crea un corazón que está más alineado con el de su pareja.

Sienta el corazón del otro

Hemos hecho un largo camino juntos en este libro. Hemos mirado ambos lados del intercambio de lugares, su mente y su corazón. Le hemos mostrado cómo comprender su propio terreno emocional es el prerrequisito para ejercer la empatía. Le hemos dado un plan de tres pasos para poner la empatía en práctica. Y le hemos dado formas útiles para empezar hoy a intercambiar lugares. Pero queremos dejarle con una palabra final, unas palabras esperanzadoras.

No importa cuál sea su habilidad para practicar la empatía en este momento, mejorará con el tiempo. ¿Por qué? Porque la empatía mejora con el tiempo. Se afina cada año de matrimonio.

En agosto del 2006, la revista *Newsweek* publicó los perfiles de las vidas de Ruth y Billy Graham, no sus históricas campañas ni su impacto internacional, sino sus vidas como pareja de edad mayor acercándose a su capítulo final. Como leímos el artículo juntos, nos impresionó la asombrosa calidad

> *Nunca sentí que no tenía chance de ganar.*
>
> **Arnold Palmer**

de su matrimonio. «En la noche tenemos tiempo para nosotros», dice Billy. «Oramos juntos y leemos la Biblia todas las noches. Es un hermoso período de la vida para ambos. Nunca nos amamos como ahora, cada uno sentimos el corazón del otro».[70]

Eso es lo que pasa con la empatía mutua. Se sienten los corazones de ambos, uno del otro. El amor se profundiza. Hasta deja marcas en sus rostros. ¿Sabía que los matrimonios que saben cómo ponerse uno en el lugar del otro terminan pareciéndose físicamente? Es el resultado de esculpir sus músculos al tiempo que evocan las mismas emociones con el transcurso de los años.[71] Cuando ambos sonríen o fruncen el ceño al unísono, por ejemplo, se han reforzado partes de músculos, gradualmente moldeando marcas y arrugas similares, haciendo que sus caras se parezcan más. No solo eso, sino que algunos estudios han revelado que esas parejas que tienen similitudes faciales también son más felices en su matrimonio.

Como ya hemos notado en este capítulo, se le conoce como Fenómeno Miguel Ángel.[72] Resulta que la empatía mutua nos ayuda a «esculpir» no solo las caras, sino la forma de nuestro matrimonio también. Por supuesto, esto supone su disposición a mudarse al corazón de su esposo o esposa. Y si lo hace, estamos convencidos de que será lo mejor que haya hecho en su matrimonio.

APÉNDICES

APÉNDICE A

Cómo intercambiar lugares cuando su cónyuge no quiere

Seamos sinceros. No toda pareja está motivada de la misma manera para «trabajar en su matrimonio». No toda pareja está igual de motivada para leer «otro libro sobre matrimonio». Y no toda pareja tiene la voluntad para intentar algo nuevo como el *Intercambio*.

Entonces, ¿qué se puede hacer cuando su pareja no muestra interés en practicar la empatía con usted? Es muy posible que piense: *¿Con qué sentido lo haría?* En efecto, hemos aconsejado a suficientes parejas como para saber que si usted tiene un cónyuge que no esta motivado, puede llegar a pensar si se ha casado con la persona correcta. Por supuesto, ya sabe que esa es una pregunta peligrosa. Como dice Gary Thomas en su libro, *Matrimonio Sagrado*: «Si somos serios persiguiendo el crecimiento espiritual a través del matrimonio, debemos convencernos de evitar formular la pregunta espiritualmente peligrosa: "¿Me he casado con la persona correcta?"»

Por lo tanto, sea cuidadoso si esa pregunta está rondando su mente. Y anímese. Los beneficios de sus esfuerzos, por más que sean solo por parte suya, son inmensos. ¿Por qué? Porque la empatía es contagiosa. No será de un día para el otro, pero es casi seguro que con el tiempo su pareja notará un cambio significativo en usted al practicar el intercambio con él o ella. Y con esa observación viene la curiosidad. *¿Qué está sucediendo aquí?*, se preguntará su esposo o esposa. Y eso lleva a una perspectiva que conduce a nuevos comportamientos.

A menudo comparamos este proceso con un móvil que cuelga del techo. Puede ser que esté quieto, en un cómodo equilibrio, hasta el momento en que una pieza se mueve, aunque sea un poco. Entonces todo el móvil se mueve y se balancea hasta encontrar el equilibrio. En otras palabras, debido al movimiento de una pieza del móvil, el resto debe moverse al fin y al cabo para encontrar el nuevo equilibrio. Lo mismo es verdad en el matrimonio. A veces se necesita que una parte cambie. Y ese cambio al fin lleva a otro cambio en todo el matrimonio.

Por tanto, a medida que lea los capítulos de este libro, encontrará lugares en los cuales mencionamos la «empatía mutua» y, por supuesto, esa es la meta. La empatía hace maravillas cuando viene de ambas partes. Pero si su pareja no está allí con usted, no pierda las esperanzas. Usted puede sentirse desalentado, con el tiempo, al sentir que su empatía es contagiosa. Descubrirá que la suya logra la empatía en su pareja. Todo lo que se necesita, en la mayoría de los casos, es paciencia; y un nuevo pensamiento que no sea preguntarse si se ha casado con la persona correcta, sino *ser usted* esa persona correcta.

Un personaje en una novela de Anne Tyler, *A patchwork planet* [Un planeta remendado] se da cuenta de esto demasiado tarde. El narrador del libro, de treinta y dos años, ha vivido un divorcio y ahora su trabajo lo mantiene relacionado casi exclusivamente con gente de edad mayor. Mientras observa sus matrimonios duraderos, logra una comprensión profunda:

> Comencé a sospechar que no había ninguna diferencia en el hecho de estar casado con la persona correcta. Al fin y al cabo, uno está con quien está. Has vivido con ella casi medio siglo, llegando a conocerla tan bien como a ti mismo o quizás aun mejor, y ella se ha vuelto la persona correcta. O la única persona, mejor dicho.
>
> Desearía que alguien me hubiera dicho eso antes. Habría aguantado; juro que lo habría hecho. No habría hecho que Natalie me dejara.[73]

Lo diremos una vez más. Tenga valor. Aguante y siga adelante. Sus esfuerzos por intercambiar lugares con su cónyuge tendrán su recompensa. Con el tiempo ya no se preguntará jamás si se ha casado con la persona correcta. Se dará cuenta de que al ser usted esa persona correcta lo que haga será contagioso.

APÉNDICE B

Cómo intercambiar lugares si se ha quemado

Un mensaje para personalistas y para aquellos casados con personalistas

En mi fraternidad de médicos sicólogos, yo (Les) a menudo consultaba a galenos que estaban tratando con pacientes que sufrían de quemaduras físicas terribles. Al ser el proceso de curación tan espantoso y el tratamiento necesario tan doloroso, algunos pacientes simplemente no podían aguantarlo y se daban por vencidos. Cuando las enfermeras los trasladaban a grandes tanques donde su piel quemada era refregada para evitar infecciones peligrosas, ellos gritaban: «¡No me toques! ¡Simplemente déjame morir!»

Algunas personas –sobre todo aquellas que entran en la categoría de «Personalistas» del capítulo 1–, sufren el mismo dolor emocional y la falta de esperanza en sus relaciones. Muchos han crecido, por ejemplo, en hogares donde el humor de los padres era imprevisible y su comportamiento era físicamente abusivo. Algunos sufrieron abandono por la muerte de un familiar. Otros hablaban acerca del abuso verbal utilizando frases como: «Nunca lograrás nada», «¿No puedes hacer nada bien?» o «Eres el ser más desagradable que ha caminado sobre la faz de la tierra». La mayoría de los expertos concuerdan en que, por cierto, ese maltrato verbal puede ser tan destructivo como el físico. Como dice el dicho: «La lengua, aunque no tiene huesos los quiebra».

Algunos personalistas han resistido a las críticas tempranas y duras con un camuflaje. Sus padres, por ejemplo, pueden haberse excusado por las frases crueles diciendo: «Era solo una broma». U ofrecían consejos «útiles» que en realidad despreciaban. Como afirma el proverbio yiddish: «Si vas a golpear a un perro, seguramente encontrarás un bastón».

No es que todo personalista sea víctima de maltrato. Cuando el comprensivo se quema, cuando ha dado hasta el punto en que no hay más que dar, es posible que pase al cuadrante del personalista. El analista que ha tenido demasiados fracasos puede volverse personalista e inclinarse al aislamiento social. No importa cuál sea el origen, los personalistas se han desilusionado tanto por el dolor potencial de las relaciones que se encierran en su trabajo, prefiriendo su propio mundo a arriesgarse con las relaciones.

Los personalistas, en su intento por evitar todo dolor emocional posible, se retraen de las relaciones y gritan en silencio: «¡No me toques!»[74] Viven las palabras de la canción de Simon y Garfunkel de los años sesenta: «Soy una roca, soy una isla». La canción habla de construir paredes impenetrables, de no tener amigos, porque eso causa dolor, así como de rechazar la risa y el amor.

Plan de seis pasos para personalistas

Si usted es personalista, sin duda conoce el dolor de la fricción interpersonal. Está al tanto de la ansiedad que a menudo experimenta en las relaciones y los miedos a ser utilizado o maltratado por los demás.

Los siguientes pasos están diseñados para ayudarle a pasar más allá de sus temores y culpas para disfrutar de las delicias de las conexiones interpersonales saludables.

1. Admita su déficit

Quizás esté más motivado por el miedo y la culpa que por el amor. Su deseo de estar a la defensiva y su falta de amor propio le impiden recibir y dar el regalo del amor. Esta es la raíz de sus luchas relacionales y se puede hacer poco para mejorar la situación si no se encara este déficit.

El amor es la condición central de la existencia humana. Lo necesitamos para sobrevivir. Lo buscamos por placer. Lo requerimos para darle sentido y propósito a nuestras vidas. El amor no es una mejora de la condición humana. No es la frutilla del postre; *es* el postre.

Usted puede vencer su déficit de amor intentando entender a las personas a su alrededor, especialmente a su pareja. Como afirmó S.I. Hayakawa: «Es solo al entender por completo las opiniones y actitudes diferentes a las nuestras y sus razones que podemos comprender mejor nuestro propio lugar en el transcurso de las cosas». Usted tiene la capacidad de dar y recibir amor; simplemente necesita aprender a entrar en él. Los siguientes pasos le ayudarán a hacerlo.

2. Enchúfese a una comunidad amorosa

Una comunidad amorosa es un agente poderoso de curación. Un proverbio africano dice: «Se necesita de todo un pueblo para criar a un hijo». También se requiere de una comunidad para llevar a un personalista a un nivel más positivo de relaciones. Sus problemas no pueden solucionarse en el aislamiento. Un grupo de personas amorosas podrá modelar relaciones saludables.

Cuando nace un niño retardado, escribió el profesor Stanley Hauerwas de la Universidad de Duke, la pregunta religiosa que debemos formularnos no es: «¿Por qué Dios permite la deficiencia mental en este mundo?» sino «¿Qué tipo de comunidad debemos ser para que la deficiencia mental no sea una barrera para que un niño pueda disfrutar una vida gratificante?»

Las luchas más difíciles de la vida se hacen más fáciles en una comunidad amorosa. Al mismo tiempo que las relaciones nos traen problemas, también nos traen nuestras mayores alegrías. Haga un esfuerzo por unirse a un grupo de gente positiva. Únase a un club o vaya a una clase en su iglesia o vecindario. Una comunidad amorosa le ayudará a llegar a un lugar donde reconocerá que otras personas pueden complicarle la existencia, pero la vida sin ellos es solitaria.

3. Advierta a sus defensas

Aquiles, el mitológico héroe griego, era conocido por su fuerza y coraje. En *La Ilíada* su madre, Tetis, tuvo una premonición de que su hijo moriría en batalla. Por ello lo sumergió en el río Estigio para hacerlo invulnerable. Tetis sostuvo a su hijo por su talón mientras el resto de su cuerpo estaba sumergido en el agua. Como el destino lo había predispuesto, una flecha envenenada lanzada por Apolo hirió a Aquiles en el talón, su único lugar vulnerable, provocando su muerte.

El personalista busca ser invulnerable. Tiene defensas sicológicas como si fueran armaduras. Todos tenemos un talón de Aquiles.

Cuando su preocupación principal es su seguridad máxima, usted se encontrará viviendo en una prisión. La ansiedad y la culpa que carga inconscientemente lo llevan a protegerse de las otras personas. Robert Frost nos da un consejo útil para quienes deben aguantar estas cosas: «No construyas un muro hasta que sepas qué estás dejando afuera y qué estas dejando dentro».

Esté al tanto o no, está instintivamente construyendo muros entre usted y las otras personas.[75] Los ladrillos de su muro incluyen las defensas de la negación, la proyección y la represión. Esté alerta de estas maniobras sicológicas y cómo puede utilizarlas para evitar la responsabilidad en su condición.

El amor no tiene defensas y solo cuando empiece a romper sus muros sicológicos se dará cuenta del completo potencial para disfrutar el amor.

4. Encuentre una respuesta compasiva pero honrada

Henry Wark Beecher dijo: «Ningún hombre puede decirle a otro sus faltas para beneficiarlo, a menos que lo ame». Si usted está por escalar sus muros defensivos y aprender cómo practicar la empatía con otros, necesitará un guía de confianza, un mentor que haga el viaje con usted.

Pregúntese quién ha tenido la mayor influencia positiva en su vida. ¿Es un maestro de la escuela? ¿Un tío o una tía? ¿Un padre? ¿Un abuelo? ¿Un pastor? ¿Un jefe? ¿Un entrenador? Sea quien fuere, su razón para elegir a esa persona tal vez tenga más que ver con quiénes son y cómo viven más que cualquier otra cosa. Por eso es que usted los admira.

Aunque este paso puede ser difícil también puede ser la clave para su crecimiento personal: Acérquese a esa persona que respeta y pregúntele si puede ser su mentor que le permita aprender más acerca del amor. Por supuesto tener un mentor requiere abrirse a una devolución crítica. Pero un verdadero mentor solo le dará una crítica compasiva para que usted sea mejor. Una relación con un mentor establece un sentimiento de confianza para mejorar y es un elemento vital para cualquier persona que se tome en serio cambiar el camino.

Aun Ebenezer Scrooge, en el cuento de Charles Dickens, *Cuento de Navidad*, tenía un «mentor» en el fantasma de Jacob Marley. A través de su relación, el viejo exclamaba: «Ya no seré el hombre que era», y cambió su camino relacional.

5. Arriesgue la vulnerabilidad

No hay otra forma: preocuparnos por los demás nos hace vulnerables a la desilusión y el rechazo. Las relaciones son riesgosas. Así como cuando un niño se arriesga a rasparse las rodillas al trepar un árbol, arriesgamos nuestro dolor emocional al establecer una relación.

No hay manera de vivir una vida rica a menos que tengamos la voluntad para sufrir penas, tristeza, enojo, agonía, confusión, críticas y rechazo repetidamente. Como afirma el siquiatra y autor M. Scott Peck: «No podemos encontrar la cura sin tener la voluntad de lastimarnos».

El doctor Peck también dijo: «Si Jesús nos enseñó todo, también nos enseñó que la manera de salvarnos yace en la vulnerabilidad».[76] Arriésguese a sensibilizarse ante otra persona. Confiésele su dolor a alguien (como su mentor o su pareja). El efecto de la vulnerabilidad en otros es casi siempre devastador. Cuando nos encerramos con defensas sicológicas y fingimos ser lo que no somos, las personas a nuestro alrededor se vuelven defensivas también. Cuando usted es vulnerable, sin embargo, un mensaje de autenticidad se manda e invita a otras personas a sentir sus miedos y dolores también. La vulnerabilidad es el puente hacia una genuina relación amorosa y lo guiará a aguantarse en las aguas turbulentas.

6. Intente sanarse con ayuda profesional

Todo personalista puede beneficiarse de la ayuda objetiva de un sicoterapeuta o consejero profesional calificado. Una de las mejores maneras para localizar un consejero competente es preguntar a otros en el área profesional si tienen alguna buena referencia. Los médicos, pastores, enfermeros y maestros casi siempre dan buenas referencias. Otras fuentes de información incluyen hospitales, sociedades de servicio comunitario, servicios de referencias y fraternidades profesionales.

Si ha crecido con recuerdos dolorosos que nunca logró resolver, le recomendamos que busque ayuda profesional. Este paso final puede ser lo más importante que haga por usted mismo y por los suyos.

APÉNDICE C

Minidiccionario de palabras sentimentales

Muy a menudo, intentando entender nuestros propios sentimientos, nos faltan palabras para describirlos. Nos describimos como «contentos», por ejemplo, cuando nuestra emoción del momento puede ser mejor descrita como «eufóricos», o quizás «asombrados». Podemos describir nuestra emoción como «triste», cuando en efecto, nos sentimos «cansados» o «inadecuados».

Cuando fallamos al elegir una palabra que capte nuestros propios sentimientos con certeza, carecemos de conciencia emocional, lo que reduce nuestra habilidad para intercambiar lugares. Por esa razón le proveemos en este apéndice una lista de palabras que reflejan sentimientos. Lo puede considerar como un minidiccionario de emociones. Y las hemos puesto en dos categorías: «Palabras que reflejan sentimientos positivos» y «Palabras que reflejan sentimientos negativos». Ambos grupos están presentados en orden alfabético. Por supuesto, esto no es absoluto, pero la lista debería proveer un buen punto para comenzar a aumentar su repertorio particular de palabras emocionales que le ayuden a describir sus propias emociones y, al fin y al cabo, las de su pareja.

Palabras que reflejan sentimientos positivos

- ❑ Absorto
- ❑ Acalorado
- ❑ Aceptado
- ❑ Acogedor
- ❑ Aconsejado
- ❑ Activado
- ❑ Adecuado
- ❑ Admirado
- ❑ Adorado
- ❑ Afirmado
- ❑ Afortunado
- ❑ Agraciado
- ❑ Agradecido
- ❑ Alegre
- ❑ Alentado
- ❑ Alerta
- ❑ Aliviado
- ❑ Amable
- ❑ Amado
- ❑ Amigable
- ❑ Amoroso
- ❑ Animado
- ❑ Ansioso
- ❑ Apaciguado
- ❑ Apasionado
- ❑ Apoyado
- ❑ Apreciado
- ❑ Aprobado
- ❑ Ardiente
- ❑ Asegurado
- ❑ Asombrado
- ❑ Atento
- ❑ Aterrado
- ❑ Atónito
- ❑ Atractivo
- ❑ Atraído
- ❑ Audaz
- ❑ Aventurado
- ❑ Bendecido
- ❑ Benevolente
- ❑ Bien
- ❑ Bienvenido
- ❑ Bonachón
- ❑ Brillante
- ❑ Callado
- ❑ Calmo
- ❑ Capaz
- ❑ Cariñoso
- ❑ Cautivado
- ❑ Certero
- ❑ Cómodo
- ❑ Competente
- ❑ Complacido
- ❑ Comprendido
- ❑ Comprensivo
- ❑ Compuesto
- ❑ Confiado
- ❑ Consciente
- ❑ Considerado
- ❑ Consolado
- ❑ Contenido
- ❑ Contento
- ❑ Corajudo
- ❑ Cordial
- ❑ Creativo
- ❑ Cuidadoso
- ❑ Curioso
- ❑ Delirante
- ❑ Determinado
- ❑ Devoto
- ❑ Ecuánime
- ❑ Efervescente
- ❑ Embelesado
- ❑ Emocionado
- ❑ Empático
- ❑ Enamorado
- ❑ Encantado
- ❑ Encaprichado
- ❑ Enérgico
- ❑ Enriquecido
- ❑ Entusiasta
- ❑ Esperanzador
- ❑ Espiritual
- ❑ Estático
- ❑ Estimulado
- ❑ Estupefacto
- ❑ Eufórico
- ❑ Exitoso
- ❑ Expectante
- ❑ Experimentado
- ❑ Expresivo
- ❑ Fascinado
- ❑ Ferviente

- ❑ Franco
- ❑ Fuerte
- ❑ Fugaz
- ❑ Generoso
- ❑ Gentil
- ❑ Gregario
- ❑ Hechizado
- ❑ Hermoso
- ❑ Hospitalario
- ❑ Iluminado
- ❑ Importante
- ❑ Impresionado
- ❑ Impresionante
- ❑ Incluido
- ❑ Independiente
- ❑ Inocente
- ❑ Inquisitivo
- ❑ Inspirado
- ❑ Inteligente
- ❑ Interesado
- ❑ Jovial
- ❑ Jubiloso
- ❑ Levantado
- ❑ Libre
- ❑ Lleno
- ❑ Mareado
- ❑ Merecedor
- ❑ Necesitado
- ❑ Optimista
- ❑ Orgulloso
- ❑ Osado
- ❑ Paciente
- ❑ Pacífico
- ❑ Pensador
- ❑ Pensativo
- ❑ Perceptivo
- ❑ Poderoso
- ❑ Popular
- ❑ Positivo
- ❑ Precisado
- ❑ Preocupado
- ❑ Productivo
- ❑ Próspero
- ❑ Protegido
- ❑ Provechoso
- ❑ Querido
- ❑ Receptivo
- ❑ Refrescado
- ❑ Relajado
- ❑ Renovado
- ❑ Respetado
- ❑ Resuelto
- ❑ Romántico
- ❑ Saludable
- ❑ Satisfecho
- ❑ Seductivo
- ❑ Seguro
- ❑ Sensible
- ❑ Sentimental
- ❑ Sereno
- ❑ Sincero
- ❑ Sociable
- ❑ Social
- ❑ Sorprendido
- ❑ Tenaz
- ❑ Tranquilo
- ❑ Triunfante
- ❑ Valiente
- ❑ Vehemente
- ❑ Vibrante
- ❑ Victorioso
- ❑ Vigoroso
- ❑ Vivaz
- ❑ Vívido
- ❑ Vivo

Palabras que reflejan sentimientos negativos

❑ Abandonado
❑ Abochornado
❑ Abrumado
❑ Aburrido
❑ Afligido
❑ Agitado
❑ Agobiado
❑ Agobiante
❑ Aguantado
❑ Aislado
❑ Alarmado
❑ Alterado
❑ Amargado
❑ Amenazado
❑ Ansioso
❑ Antagonista
❑ Apagado
❑ Apático
❑ Aplacado
❑ Aprensivo
❑ Arrinconado
❑ Arrogante
❑ Aterrado
❑ Aterrorizado
❑ Atónito
❑ Atormentado
❑ Atrapado
❑ Cansado
❑ Cansador
❑ Celoso
❑ Censurado
❑ Cínico
❑ Confundido
❑ Conquistado
❑ Consternado
❑ Controlado
❑ Cruel
❑ Culpable
❑ Débil
❑ Degradado
❑ Dependiente
❑ Depresivo
❑ Deprimido
❑ Derrotado
❑ Desalentado
❑ Desamparado
❑ Desanimado
❑ Desasosegado
❑ Desconcertado
❑ Descontento
❑ Descuidado
❑ Desdeñoso
❑ Desequilibrante
❑ Desesperado
❑ Desesperanzado
❑ Deshonrado
❑ Desilusionado
❑ Desinteresado
❑ Despavorido
❑ Despectivo
❑ Despiadado
❑ Despreciado
❑ Detestado
❑ Disgustado
❑ Doloroso
❑ Dominado
❑ Emocional
❑ Envanecido
❑ Enajenado
❑ Endeble
❑ Enfermo
❑ Enjaulado
❑ Enojado
❑ Entrometido
❑ Envidioso
❑ Escandalizado
❑ Espantoso
❑ Estancado
❑ Estresado
❑ Evitado
❑ Exaltado
❑ Exhausto
❑ Explotado
❑ Extrañado
❑ Extremista
❑ Fallido
❑ Fastidiado
❑ Fatigado
❑ Fracasado
❑ Frenético
❑ Frío
❑ Frustrado
❑ Furioso

- ❑ Harto
- ❑ Helado
- ❑ Herido
- ❑ Histérico
- ❑ Horrorizado
- ❑ Hosco
- ❑ Hostil
- ❑ Humeante
- ❑ Humillado
- ❑ Ignorado
- ❑ Impaciente
- ❑ Impactado
- ❑ Impasible
- ❑ Impetuoso
- ❑ Impotente
- ❑ Impulsivo
- ❑ Inaceptable
- ❑ Inadecuado
- ❑ Incapaz
- ❑ Incómodo
- ❑ Indiferente
- ❑ Indignado
- ❑ Indignante
- ❑ Indolente
- ❑ Ineficaz
- ❑ Inferior
- ❑ Inhibido
- ❑ Inmovilizado
- ❑ Insatisfecho
- ❑ Inseguro
- ❑ Inútil
- ❑ Irrazonable
- ❑ Irrelevante
- ❑ Irremediable
- ❑ Irresoluto
- ❑ Irritado
- ❑ Lacerante
- ❑ Lamentoso
- ❑ Lastimado
- ❑ Letárgico
- ❑ Lívido
- ❑ Loco
- ❑ Malo
- ❑ Manejado
- ❑ Manipulado
- ❑ Melancólico
- ❑ Menospreciado
- ❑ Miedoso
- ❑ Miserable
- ❑ Molesto
- ❑ Moroso
- ❑ Mortificado
- ❑ Muerto
- ❑ Negativo
- ❑ Nervioso
- ❑ Obstinado
- ❑ Obtuso
- ❑ Odiado
- ❑ Ofendido
- ❑ Paralizado
- ❑ Pasivo
- ❑ Penoso
- ❑ Perplejo
- ❑ Perturbado
- ❑ Pesaroso
- ❑ Pesimista
- ❑ Petrificado
- ❑ Precavido
- ❑ Precipitado
- ❑ Preocupado
- ❑ Presionado
- ❑ Problemático
- ❑ Provocado
- ❑ Reacio
- ❑ Rechazado
- ❑ Reprimido
- ❑ Repugnado
- ❑ Repulsivo
- ❑ Resentido
- ❑ Resignado
- ❑ Resistente
- ❑ Restringido
- ❑ Retraído
- ❑ Reventado
- ❑ Salvaje
- ❑ Sensible
- ❑ Sofocado
- ❑ Solitario
- ❑ Solo
- ❑ Sombrío
- ❑ Sumiso
- ❑ Superior
- ❑ Susceptible

- ❑ Temeroso
- ❑ Tenso
- ❑ Terco
- ❑ Tímido
- ❑ Tolerado
- ❑ Torturado
- ❑ Trastornado
- ❑ Travieso
- ❑ Triste
- ❑ Utilizado
- ❑ Vengativo
- ❑ Vergonzoso
- ❑ Vulnerable

Visite www.realrelationships.com
para descargar GRATIS
la tarjeta de Intercambio

Tres pasos del intercambio

1. **Te noto:**
   Apártese de su propio plan (temporalmente)
2. **Te siento:**
   Encienda su radar emocional
3. **Actúo para ayudarte:**
   Demuestre que se preocupa

Notas

Capítulo 1. **Las dos partes del intercambio**

1. Véase el impactante libro de Daniel Goleman, *Social Intelligence* [Inteligencia Social], (Bantam, Nueva York, 2007), en el que revela en detalles la nueva ciencia de las relaciones humanas.

2. Véanse las obras de Stuart Ablon y Carl Marci, *Psycotherapy Process: The Missing Link* [El proceso de la sicoterapia: El eslabón perdido], *Psycological Bulletin* 130, 2004, pp. 664-68; «Psychological evidence for the interpersonal role of laughter during psychotherapy» [La evidencia sicológica del rol interpersonal de la risa durante la sicoterapia] *Journal of nervous and mental disease* 192, 2004, pp. 689-95 de Carl Marci.

3. J.S. Morris, «Differential Extrageniculostriate and Amygdala Responses to Presentation and Emotional Faces in a Cortically Blind Field» [Diferencial extragénica y respuestas de la amígdala a la presentación y las caras emocionales en un campo ciego córtico], *Brain* 124, no. 6, 2001, pp. 1241-52.

Capítulo 2. **Logros del intercambio en su matrimonio**

4. E. Newton, «Overconfidence in the Communication of Intent: Heard and Unheard Melodies» [Confianza en la comunicación del intento], PhD diss., Stanford University, 1990.

5. www.msnbc.com.

6. Amy Sutherland, «What Shamu Taught Me About a Happy Marriage» [Qué me enseñó Shamu acerca de un matrimonio feliz], *New York Times*, 25 de junio de 2006.

7. Rachel A. Simmons, Peter C. Gordon, y Dianne L. Chambless, «Pronouns in Marital Interaction: What Do "You" and "I" Say about

Marital Health?» [Pronombres en la interacción matrimonial: ¿Qué decimos tú y yo sobre la salud marital?» *Psychological Science* 16, no.12, diciembre 2005, pp. 932-36.

8. Tom Rath, *Vital Friends: The People You Can't Afford To Live Without* [Amigos vitales: Las personas que no podemos darnos el lujo de no tener], Gallup Press, Nueva York, 2006, p. 29.

9. Barbara Brown Taylor, *The Best Spiritual Writing* [Las mejores escrituras espirituales], ed. Phillip Zaleski, Harper, San Francisco, 1999, p. 262.

10. «A Linebacker's Tough Choice» [Una elección difícil para un jugador] *Christianity Today*, enero/febrero 2001, www.christianitytoday.com.

11. Victor Bissonette, «Empathic Accuracy and Marital Conflict Resolutions» [Certeza empática y resoluciones para conflictos maritales] en *Empathic Accuracy*, ed. William Ickes, Guilford Press, Nueva York, 1997.

12. Janice Kiecolt- Glaser, «Marital Stress: Immunologic, Neuroendocrine, and Autonomic Correlates» [Los sistemas inmunológico, neuroendocrino y autónomo se relacionan], *Annals of the New York Academy of Sciences* 840, 1999, pp. 656-63.

13. Ibid., p. 657.

14. Robert Roy Britt, «Marital Spats Slow Healing of Wounds» [Las riñas maritales retardan la sanidad de las heridas], *LiveScience*, 5 de diciembre de 2005, www.livescience.com

15. J.A. Coan, «Spouse, but Not Stranger, Hand Holding Attenuates Activation in neural Systems Underlying Response to Threat» [Pareja, pero no extraño, sostener la mano atenúa la activación en los sistemas neurales a causa de respuestas a amenazas], *Psychophysiology* 42, 2005, p. 44.

16. David Jeremiah, *Acts of Love: The Power of Encouragement* [Actos de amor: El poder de alentar], Vision House, Gresham, Oregon, 1994.

17. Frank Bernieri y Robert Rosenthal, «Interpersonal Coordination, Behavior Matching, and Interpersonal Synchrony» [Coordinación interpersonal, compatibilidad de conductas y sincronía interpersonal] en *Fundaments of Nonverbal Behavior*, eds. Robert Feldman y Bernard Rime, Cambridge Univ. Press, Cambridge, 1991.

18. John C. Maxwell, *Winning with People* [Cómo ganarse a la gente], Grupo Nelson, Nashville, 2004, p. 73.

19. H.B. Beckman y R.M. Frankel, «The Effect of Physician Behavior on the Collection Data» [El efecto del comportamiento físico en la recolección de información] *Annals of Internal Medicine 101,* 1984.

20. Wendy Levinson, «Physician-Patient Communication: The Relationship with Malpractice Claims Among Primary Care Physicians and Surgeons» [Comunicación Físico-Paciente: La relación con los reclamos de mala praxis entre físicos y cirujanos de cuidados primarios], *Journal of the American Medical Association* (19 de febrero de 1997).

Capítulo 3. **Prerrequisitos del intercambio**

21. Robert Levenson y Anna Ruef, «Empathy: A Physiological Substrate» [Empatía: Un sustrato fisiológico] *Journal of Personality and Social Psychology* 63, no. 2, 1992.

22. R.D. Lane y G.E. Schwartz, «Levels of emotional awareness: A congnitive developmental theory and its application to psychopathology» [Niveles de atención emocional: una teoría desarrollista cognitiva y su aplicación a la sicopatología], *American Journal of Psychiatry* 144, 1987, pp. 133-43. Este estudio da a entender que la atención emocional consiste en la habilidad de reconocer emociones en uno mismo y en otros, y que puede ir de una simple atención de sensaciones fisiológicas a experiencias más diferenciadas y etiquetadas. Por ejemplo, en un nivel bajo de atención emocional, los individuos pueden no tener la habilidad de describir cómo se están sintiendo, o pueden tener la habilidad simplemente de decir que se sienten «bien» o «mal». Poder identificar emociones simples y singulares como «felicidad» o «molestia» representa un nivel creciente de atención. Poder reconocer e identificar emociones más específicas y diferenciadas, como la culpa, la decepción o el resentimiento representa otro nivel creciente de atención. Finalmente, poder identificar emociones diferenciadas y reconocer que más de una de ellas está presente en un momento dado representa un nivel aun más creciente de atención. El siguiente texto es un ejemplo de este nivel de atención: «Me siento decepcionado porque no podamos vernos hoy, pero feliz de que te puedas ir más temprano de vacaciones».

23. C.E. Mitchell, «Teaching to speak in feelings as a second language» [Enseñar a hablar con sentimientos como una segunda lengua], *Family Therapy* 15, 1988, pp. 75-81.

24. Kristin L. Croyle y Jennifer Waltz, «Emotional awareness and couples' relationship satisfaction» [La atención emocional y la satisfacción de

la pareja en la relación], *Journal of Marital and Family Therapy*, octubre de 2002.

25. Joseph LeDoux, *The Emotional Brain* [El cerebro emocional], Simon and Schuster, New York, 1996.

26. R.D. Lane, E.M. Reiman, B. Axelrod, L.S. Yun, A. Holmes y G.E. Schwartz, «Neural correlates of levels of emotional awareness: Evidence of an interaction between emotion and attention in the anterior cingulate cortex» [Niveles correlativos de atención emocional neural: Evidencia de una interacción entre la emoción y la atención en la corteza singular anterior], *Journal of Cognitive Neuroscience* 10, 1998, pp. 525-35.

27. J.M. Gottman y R.W. Levenson, «The Social Psychophysiology of Marriage» [La sicofisiología social del matrimonio], en *Perspectives on Marital Interaction,* eds. P. Noller y M.A. Fitzpatrick, Multilingual Matters, Cleveland, UK, 1988, pp. 182-200.

28. Emily Butler, «The social Consequences of Expressive Suppression» [Las consecuencias sociales de la supresión expresiva], *Emotion* 3, no. 1, 2003, pp. 48-67.

29. N.S. Jacobson, A. Christensen, S.E. Prince, J. Cordova, y K. Eldridge, «Integrative behavioral couple therapy: An acceptance-based, promising new treatment for couple discord» [Comportamiento integrador de terapia de parejas: Un nuevo tratamiento prometedor, basado en la aceptación para la discordia en la pareja], *Journal of Consulting and Clinical Psychology* 68, 2000, pp. 351-55.

30. Oprah Winfrey, «What I Know for Sure» [De lo que estoy segura], *The Oprah Magazine,* febrero de 2002.

Segunda parte **Tres pasos cruciales para el intercambio**

31. T. Connellan, *Inside the Magic Kingdom* [Las siete claves del éxito de Walt Disney], Bard Press, Atlanta, 1997.

32. Goleman, *ibid.*, p. 58.

Capítulo 4. **Te noto: Deje a un lado su propio plan (temporalmente)**

33. M. Voboril, «A Weighty Issue: Empathy suit shows medical personnel what it's like to be obese» [Un problema de peso: El traje de la empatía le demuestra al personal médico cómo se siente ser obeso], *Newsday,* abril 16 de 2000.

34. Véase Birthways Childbirth Resource Center, Inc. www.empathybelly.org.

35. Un ejemplo análogo viene de un estudio por Keysar y Henly (2002) en el cual los participantes leían en voz alta varias oraciones ambiguas (como «Ángela mató al hombre con el revólver») a otro participante del estudio. Los hablantes leían el texto luego de leer acerca de un escenario que resolvía la ambigüedad de la oración (por ejemplo, si el revólver era el arma del asesinato o una posesión de la víctima), un escenario que no estaba disponible para aquel que escuchaba. Como en el caso de golpear la mesa, los hablantes asumían lo que era obvio para ellos (en este caso, el significado de la oración) lo sería también para el que lo estuviera escuchando. Congruentes con la especulación de Newton (1990), Ross y Ward (1996), Keysar y Henly descubrieron que la sobreestimación era a causa, al menos en parte, de la poca estimación de la ambigüedad de sus propias situaciones.

36. Otras formas incluyen:
Miopía egocéntrica (la tendencia natural a pensar absolutamente con un punto de vista estrecho);
Hipocresía egocéntrica (la tendencia natural a ignorar incongruencias flagrantes entre lo que profesamos creer y las verdaderas creencias que nuestro comportamiento implica, o incoherencias entre los estándares a cuales nos aferramos y aquellos que esperamos que otras personas se adhieran);
Supersimplificación egocéntrica (la tendencia natural a ignorar las complejidades reales e importantes en el mundo a favor de las nociones simples cuando la consideración de aquellas complejidades requeriría que nosotros modifiquemos nuestras creencias o valores);
Ceguera egocéntrica (la tendencia natural a no notar los hechos o evidencias que contradicen nuestros valores o creencias favorecidas);
Inmediatez egocéntrica (la tendencia natural a sobregeneralizar los sentimientos o experiencias inmediatos, por lo cual cuando un acontecimiento en nuestra vida es altamente favorable o desfavorable, toda la vida parece favorable o desfavorable también); y la Absurdidad egocéntrica (la tendencia natural a no poder notar los pensamientos que tienen consecuencias «absurdas», cuando al advertirlos nos forzamos a repensar nuestra posición).

37. A veces usted puede no estar del todo atento a su propio plan sin mirar hacia adentro seriamente. Es allí donde residen nuestros planes inconscientes. Estas son las profundas cosas que hemos generado por necesidades no satisfechas que han empezado tan temprano como en nuestra infancia. O pueden ser anhelos inconscientes que nunca fueron satisfechos en un matrimonio anterior. Pueden ser deseos

inconscientes de nuestro lado oscuro, cosas que no queremos admitir nosotros mismos, como anhelo de atención o poder. Por supuesto, para poner esos «planes» a la luz, a veces es necesario un mentor o consejero.

38. Edward Hallowell, «The Human Moment at Work» [El momento humano en el trabajo], *Harvard Business Review*, enero/febrero 1999, p. 59.

39. Paul R. Mendes-Flohr, ed., *A Land of Two Peoples: Martin Buber on Jews and Arabs* [Una tierra de dos personas: Martin Buber sobre judíos y árabes], Oxford Univ. Press, Nueva York, 1983.

40. Martin Buber, *I and Thou* [Yo y Tú], trad. Walter Kaufmann (1937), Simon & Schuster, Nueva York, 1990, p. 89.

41. Steve Moore, «A Graceful Goodbye» [Un adiós con gracia], *Leadership*, verano 2002, pp. 41-42.

Capítulo 5. **Te siento: Encienda su radar emocional**

42. C.J. Boyatzis y C. Satyaprasad, «Children's facial and gestural decoding and encoding: Relations between skills and with popularity» [Gestos faciales de los niños y su codificación y decodificación: Relaciones entre habilidades y con popularidad] *Journal of Nonverbal Behavior* 18, 1994, pp. 37-42.

43. P. Eckman y W. Friesen, *Unmasking the Face* [Desenmascarando la cara], Prentice Hall, Englewood Cliffs, NJ, 1975.

44. R. Rosenthal, J. Hall, M.R. DiMatteo, P.L. Rogers y D. Archer, *Sensitivity to Nonverbal Communication: The PONS Test* [Sensibilidad a la comunicación no verbal: La prueba PONS] Johns Hopkins Univ. Press, Baltimore, 1979. Véase también, R. Rosenthal y R.L. Rosnow, *Essentials of Behavioral Research: Methods and Data Analysis* [Esenciales para la investigación del comportamiento: Análisis de métodos e información], McGraw-Hill, Nueva York, 1991.

45. G. di Pelligrino, «Understanding Motor Events: A Neurophysiological Study» [Comprenda los hechos motrices: Un estudio neurofisiológico], *Experimental Brain Research* 91, 1992, pp. 176-80.

46. W.D. Hutchinson, «Pain-Related Neurons in the Human Cingulate Cortex» [Neuronas relacionadas con el dolor en la corteza cingula humana] *Nature Neuroscience* 2, 1999, pp. 403-5.

47. Giacomo Rizzolatti es citado por Sandra Blakelee en «Cells that Read Minds» [Células que leen mentes] *New York Times,* 10 de enero de 2006. Véase también, Giacomo Rizzolatti y M.A. Arbib, «Language within Our Grasp» [El lenguaje de nuestro conocimiento], *Trends in Neuroscience* 21, 1998, pp. 188-94.

48. Albert Mehrabain, *Silent Messages: Implicit Communication of Emotions and Attitudes* [Mensajes silenciosos: Comunicación implícitas de emociones y actitudes], Wadsworth, Belmont, CA, 1981.

49. Laura Hillenbrand, «A Sudden Illnes –How My Life Changed» [Una enfermedad repentina, cómo cambió mi vida] en *The New Yorker*, 7 de julio de 2003.

50. R.C. Kessler, «The Costs of Caring: A Perspective on the Relationship Between Sex and Psychological Distress» [El costo del cuidado: Una perspectiva de la relación entre el sexo y el estrés sicológico] en *Social Support: Theory, Research and Applications,* eds. I.G. Sarason y B.R. Sarason, Martinus Nijhoff, Boston,1985, pp. 491-507.

51. C. Heath y D. Heath, *Made to Stick* [Hecho para pegarse], Random House, Nueva York, 2007, p. 127.

52. Véase J. Gottman, *The Relationship Cure* [La cura de la relación], Crown, Nueva York, 2001, p. 170.

Capítulo 6. **Actúo para ayudarte: Demuestre su cociente de interés**

53. Doug Kingsriter, «A Husband's Confession» [La confesión de un marido], *Christian Herald,* mayo/junio 1991, p. 52.

54. Ap Dijksterhuis y John A. Bargh, «The Perception-behavior expressway: Automatic effects of social perception on social behavior» [La forma expresa de la percepción del comportamiento: efectos automáticos de la percepción social del comportamiento social], *Advances in Experimental Social Psychology* 33, 2001, pp. 1-40.

55. Citado del libro del doctor Paul Brand y Philip Yancey, *Temerosa y maravillosamente diseñado,* Zondervan, Grand Rapids, 1980.

56. *Time,* 27 de agosto de 1990, p. 38.

57. W. Litvack-Miller, D. McDougal, y D.M. Romney, «The structure of empathy during middle childhood and its relationship to prosocial behavior» [La estructura de la empatía durante la infancia media y su

relación con el comportamiento prosocial], *Genetic, Social, and Genetic Psychology Monographs* 123, 1997, pp. 303-24.

58. Extracto de *Fingerprints of God DVD Session 1* [Huellas dactilares de Dios sesión de DVD 1] por Jennifer Rothschild (c) Copyright 2005 Lifeway Press. Todos los derechos reservados. Utilizado con permiso.

59. Belden Lane, «Rabbinical Stories» [Historias de rabinos], *Christian Century* 98:41, 16 de diciembre de 1981.

Capítulo 7. **Aproveche el programa matrimonial eHarmony**

60. Las sicométricas requieren un proceso iterativo (a menudo repetido) en el cual los expertos en el comportamiento interactúan con personas que utilizan una herramienta sicológica (como una fuente o una entrevista) y luego afinan esa herramienta para que las preguntas o los pasos predigan cada vez mejor el comportamiento o un resultado exitoso. En cada nivel, estadísticas matemáticas avanzadas son computadas para asegurar que la evaluación logre los criterios para una evaluación sicológica, específicamente en términos de confianza (cuando los mismos resultados son obtenidos cada vez) y validez (cuando la herramienta realmente funciona).
Los pasos específicos dados en el desarrollo del cuestionario son los siguientes: Una diversidad comprensiva de ítems de la relación fueron desarrollados por expertos clínicos guiados por el Dr. Neil Clark Warren. Estos ítems cubrían las áreas reportadas para relacionar la satisfacción marital. Todos los ítems fueron luego revisados por personas para asegurar que eran lógicos y que eran percibidos para relacionarlos con la satisfacción conyugal.
Las preguntas basadas en estos ítems fueron más tarde administradas a quinientas dos parejas seleccionadas al azar desde un panel preexistente de usuarios de Internet. Estas parejas también recibieron un índice global de satisfacción marital convalidado previamente por eHarmony.com. La información de estas parejas fue analizada y utilizada para identificar los diez componentes más confiados del funcionamiento marital; estos forman la base del cuestionario. Los puntajes fueron calculados por cada componente, y una base de datos normativa fue desarrollada para que revelara qué puntajes sacaban en cada área las parejas típicamente.

Capítulo 8. **Ayude a su cónyuge a ver las cosas como las ve usted**

61. David Mordkoff, «American Emmons Misses Out on gold by Firing at Wrong Target» [El estadounidense Emmons pierde la medalla de

oro al dispararle al blanco equivocado] 22 de Agosto, 2004, www. Sports. Yahoo.com.

62. C. Heath y D. Heath, *Made to Stick* [Hecho para pegarse], Random House, Nueva York, 2007. Véase la página (XXXXXX) 119 para observar cómo este ejercicio y principio se aplican al momento de comunicar cualquier idea.

63. ç G. Thomas, «Feeling Let Down?» [¿Se siente desilusionado?] *Marriage Partnership*, primavera 2007, p. 46.

Conclusión: **Por qué toda pareja tiene posibilidad para el intercambio**

64. Un narcisista es clásicamente definido como una persona que tiene tratos y comportamientos que significan obsesión con sí mismo o la exclusión de otros y el intento egoísta de conseguir las propias gratificaciones, dominaciones o ambiciones

65. N.D. Feshback, «Studies of empathic behavior in children» [Estudios de comportamientos empáticos en niños] en *The development of prosocial behavior*, ed. N. Esenberg, Academic Press, Nueva York, 1982, pp. 315-38.

66. Beth Azar, «Defining the trait that makes us human» [Definiendo el trato que nos hace humanos] *APA Monitor* 28, 1997, p. 1.

67. Krista Tippett, *American Public Media: Speaking of Faith* [Comunicación pública americana: Hablando de fe] 15 de Marzo, 2007, www.speakingoffatih.org/programs/einsteinsethics/emailnewsletter20070315.shtml.

68. «Einstein's Wife» [La esposa de Einstein] Programación de PBS mostrada el 20 de Abril, 2007 de www.pbs.org/opb/einsteinswife/milevastory/married.htm.

69. Darley y Batson «From Jerusalem to Jericho: A Study of Situational and Dispositional Variables in Helping Behavior» [De Jerusalén a Jericó: Un estudio de variables situacionales y disposicionales para ayudar al comportamiento] *Journal of Personality and Social Psychology* 27, 1973, pp. 100-108.

70. Jon Meacham, «Pilgrim's Process» [El proceso del peregrino] *Newsweek*, 14 de agosto, 2006, p. 43.

71. R.B. Zajonc. «Convergence in the Physical Appearance of Spouses» [Convergencia en la apariencia física de las parejas] *Motivation and Emotion* 11, 1987, pp. 335-46.

72. S.M. Drigotasl, «Close Partner as Sculptor of the Ideal Self» [Un compañero cercano como escultor del «yo» ideal] *Journal of Personality and Social Psychology* 77, 1999, pp. 293-323.

Apéndice A. **Cómo intercambiar lugares cuando su cónyuge no quiere**

73. Citado en el libro de Gary Thomas, *Sagrado Matrimonio,* Zondervan, Grand Rapids, 2000, p. 124 (en la publicación en inglés).

Apéndice B. **Cómo intercambiar lugares si se ha quemado**

74. C.U. Shantz, «Empathy in Relation to Social Cognitive Development» [La empatía en relación al desarrollo cognitivo social] *The Counseling Psychologist* 5, no. 2, 1975.

75. James W. Pennebaker, PhD, *Opening Up: The Healing Power of Confiding in Others* [Abriéndose: El poder curativo de confiar en otros], Morrow, Nueva York, 1990.

76. M. Scott Peck, *The Road Less Traveled* [El camino menos transitado], 1978 (reproducido por Simon and Schuster, Nueva York, 2002).

Acerca de los autores

Los doctores Les y Leslie Parrott son codirectores del Centro de Desarrollo de Relaciones de la Universidad de Seattle Pacific [SPU], un programa dedicado a la enseñanza de los elementos básicos para una buena relación. También son los cocreadores de eHarmony Marriage. Les Parrott es profesor de sicología en SPU y Leslie es terapista matrimonial y familiar en la misma institución. Los Parrott son autores del libro *Asegure el éxito en su matrimonio*, galardonado con el premio Medalla Dorada. También han escrito *Love Talk* [Charla amorosa], *Hoy te amo más que ayer*, *Your Time-Starved Marriage* [Matrimonio hambriento de tiempo], y *Complete Guide to Marriage Mentoring* [Guía completa de asesoría matrimonial]. Ambos han participado en programas televisivos como *Oprah*, *CBS This Morning*, *CNN*, *The View*, en *USA Today* y *The New York Times*. Viven en Seattle, Washington, con sus dos hijos.

Disfrute de otras publicaciones de Editorial Vida

Desde 1946, Editorial Vida es fiel amiga del pueblo hispano a través de la mejor literatura evangélica. Editorial Vida publica libros prácticos y de sólidas doctrinas que enriquecen el caudal de conocimiento de sus lectores.

Nuestras Biblias de Estudio poseen características que ayudan al lector a crecer en el conocimiento de las Sagradas Escrituras y a comprenderlas mejor. Vida Nueva es el más completo y actualizado plan de estudio de Escuela Dominical y el mejor recurso educativo en español. Además, nuestra serie de grabaciones de alabanzas y adoración, Vida Music renueva su espíritu y llena su alma de gratitud a Dios.

En las siguientes páginas se describen otras excelentes publicaciones producidas especialmente para usted. Adquiera productos de Editorial Vida en su librería cristiana más cercana.

Hoy te amo más que ayer

0-8297-4616-1

Hoy te amo mas que ayer – Libro de trabajo para el hombre

0-8297-4697-8

Hoy te amo más que ayer – Libro de trabajo para la mujer

0-8297-4696-X

Les y Leslie Parrot piensan que las mismas fuerzas que pueden derrumbar un matrimonio también pueden convertirse en catalizadores de la profundidad y la riqueza en la relación cuando se aprenden a utilizar los problemas cotidianos para fortalecer la vida matrimonial. En este libro los autores exploran cómo un matrimonio sobrevive y se esfuerza cuando una pareja aprende a utilizar los problemas como impulsores de su vida amorosa.

Nos agradaría recibir noticias suyas.
Por favor, envíe sus comentarios sobre este libro
a la dirección que aparece a continuación.
Muchas gracias.

Editorial Vida®
.com

Vida@zondervan.com
www.editorialvida.com